比賺錢
更重要的事

幸福和你想的不一樣——「這我知道！」
財商醫生EASON林志儒，
引領你從知道進而得到這一生值得的幸福！

財商醫生EASON
林志儒——著

我不聰明，
這一生我專注做好一件事：
那就是
「幫助人們更快樂更有安全感」。

—— EASON

推薦序 |
成功，從「知道」進而「得到」

多年來，在房地產投資培訓課程中，我看過各式各樣的學生，基本上，願意來上課的，都是想要有一番作為，想要有所突破，想要讓自己變得更好的人。不論是追求財富或者知識成長，總會有個目標。我也發現，人們擁有積極的心，那很好，但認真積極卻不代表一定可以得到他想要的。

有人努力有了成果，但成果不代表成就，有的人的成果，就只是「把事情完成了」；有人追求目標，達到了成就，但成就也不一定代表成功，那個成就，可能只是朝目標邁進過程中的一個里程碑。

無論如何，人們總要先知道自己要什麼，接著再來談如何去得到。許多人以為自己知道了，其實並不是真的知道，若連「知道」這件事都不確定，就更別奢談得到了。

很高興看到我的好朋友，同時也是在我的中古屋實戰培訓課程中擔任總教練的志儒老師，出版了這麼一本實用的「心」書。本書可以幫助你「知道」，也能協助你「得到」，相信透過本書有系統的架構，任何人不論本身是怎樣的個性、怎樣的工作背景，只要有心，都可以藉由本書的指引，讓自己從自我覺察開始，實地進行各種操練，進而達到書中所列三大面向的成功。

　　這是一本值得推薦給所有對未來茫然或是不清楚自己的夢想是什麼的人的書，一本能夠引領你找到人生幸福目標的書，每個人對自己人生想要的夢想、想要的成功定義都不同，我多希望能在出社會前就看到這本書。

　　透過這本書的引導，能教會你從內心去真誠的面對自己，克服自己內心的負面情緒，設定出你人生的目標，引領每個人走向自己的幸福人生，如果你還沒想清楚自己真正想要的幸福是什麼，我強烈推薦你一定要看完這本書，它是一種人生幸福學，也是一種人生的態度。

中古屋實戰班導師／房產達人
林茂盛

推薦序 |
打開通往世界的大門

　　打開這本書，Eason 的第一句話就深得我心：「我不聰明，這一生我專注做好一件事：那就是『幫助人們更快樂更有安全感。』」

　　「幫助人們更快樂更有安全感」也正是我個人這十幾年竭盡心力在做，在 NLP 課堂上希望傳遞、傳承給我的學生們的事。人生有這樣的使命，何其重大深遠，然而任重道遠，我很高興能看到 Eason 專注一生要做好的事，先凝聚了半生精華，完成了這本書，幫助人們從「心」著手，找出幸福象限，擁抱財富，享受成就，充分感受人生有「選擇權利」的自在與快樂。

　　Eason 熱忱專注提升自己的能量，並常熱誠且真切的協助別人。其中他在我 NLP 課堂上分享學習成果的表現，更是讓我感受到一個講師的熱情與使命，是如何支持他帶領他的學生，擁有滿溢的勇氣與滿意的自信以朝目標前進。

　　這本書中，許多地方我看到他靈活運用了「NLP 的理論與助人技巧」，如：設定通往正確之路的心錨、學習自我啟動，朝所欲目標前進，及 NLP 時間線概念、NLP 教練自我提問技巧，用心設計了大量的基礎練習，相當符合 NLP 的學習精神。可快速「體會」文字要傳達的內容，同時深入淺出的帶領讀者在掌握趨勢、追求財富的過程中，更兼顧使命、價值觀以及做

人原則，正向的通往真正的幸福之路。

　　這是一本內（幸福）外（財富）兼顧的書，讀了這本書，就像與財商醫生 Eason 面對面誠摯的交談般，觸發更深層的自我覺察，你一定能在過程中找到一個適合自己的方式，一步一步從內在打開通往世界的大門。

智燁 NLP 教練學院創辦人／美國 NLP 大學高階訓練師
張旭男

自序 |
你我共同追求的成功幸福

對大部分人來說，追求財富自由，是個理想的境界。

只不過，在沒有專人協助輔導的情況下，他們不一定可以清晰描繪出這樣的境界，也不一定能夠了解：「努力打拚」不代表著「幸福生活」。此外，還有更多關於人生的迷思，困在現實生活為謀生計而奔忙的朋友，不一定可以理解。

例如：

- 什麼叫幸福的生活？我們應該如何做好時間分配，去追求怎樣的成就？
- 賺大錢就等於幸福嗎？或者，就算一個人突然擁有一筆錢，他就會因此真的得到幸福嗎？
- 是否每個人都可以達到更好的境界？還是幸福人生會因為每個人天賦不同而有所差異？

時常人們可能感到迷惑，然而在日復一日的忙碌生活中，迷惑也只能被存檔在腦海中的某個角落。而歲月匆匆，當有一天人老力衰，經濟情況卻仍不如己意，不免感嘆，到底在過往人生哪個環節做錯了什麼？為何無法得到滿意的退休生活？

身為一個培訓講師，本身也在理財和各類輔導領域有豐富的經驗，我念茲在茲的，是該如何幫助更多的朋友實現夢想。

　　每個人都有屬於自己的世界，包含不同的理想抱負以及價值標準等等，無法總是把一套理論一體適用在每個人身上。但我也相信，還是可以透過某種一對多的方式幫助許多人，重點在於找到大方向上的指引，至於細部的調整，可以透過建立好基礎後，自己建立適合自己的奮鬥目標，也可以藉由個別諮商，由教練協助修正。

　　無論如何，總有這樣的一個基礎，總有人人適用的成功道理。多年來的培訓經驗，我確信那個道理所植基的成功關鍵，就在於每個人的「心」，也就是說，任何人只要懂得回歸自己內心，再透過適當的方法，就可以自助式的提升自己。基於這樣的信念，於是我決定寫下這樣一本指引朋友們如何「從心開始」的書。

　　我期望這本書可以帶給每位讀者真正的幫助，從找回自己的「初心」開始，在追求財富自由的路上，能夠不迷失自己。在過程中，能夠真正了解自己的感受，認識自己與家庭的關係，每個人不只該實現自己生命中渴望，也要做好人與人間的互動關係。

　　本書談到自我覺察，談到自己的使命，談到許多回歸自身的觀念與方法；本書也談及更具體的，大部分人都很關心的有

關投資、有關財富，以及最終如何達到理想中幸福的未來。

　　這中間，我會協助朋友們一個個破除過往的迷思，包括對自我定位的不明確，而導致經濟、家庭、人際都受影響，包括過往對金錢可能有錯誤的認知，導致就算賺到錢內心卻仍不快樂等等。我相信有時候，我們達到成功的路徑，不是先往外界打拚，而是先往自己內心探索，當我們可以遇見自我內在真實的渴望與自信，相信自我存在的價值，讓財富跟隨自我價值提升，這樣就可以獲得真正的「自由」，通往渴望嚮往的生活。

　　本書的出版，也是我自己回歸「初心」，一個夢想具體的落實。一直以來，我為自己設定的人生宗旨，就是「**帶給人們更快樂更有安全感**」。我知道透過一對一諮詢幫助的人有限，因此我願透過本書的發行，來幫助更多的人。

　　在本書撰寫期間，我摯愛的父親不幸離開人世，然而他曾帶給我的種種正面影響，都將會透過本書的發行繼續傳承。

　　我也衷心感謝在本書從發想到撰寫到最終出版的每個環節，曾經給予我支持、協助、提供建議及不同形式幫助的人，包括我的家人、我的朋友、ELM 的夥伴們，真的謝謝你們。

　　莫忘初衷，助人是我終身的使命。

也莫忘感恩，每一次人與人間的交會都是種緣分，包括親愛的讀者們，你們此刻閱讀這本書，也絕對是種緣分。

珍惜緣分，讓我們每個人都可以成就更好的未來。

感恩，再感恩。

就讓我們從心開始追求幸福成功，通往每個人嚮往的生活。

ESAON（林志儒）

2019 年 10 月

目次

前言 |
這是一本追求幸福、成就與財富的終身工具書

這是一本屬於你的書，但什麼叫做「屬於你」呢？

第一，如果老師給你了，但你卻感受不到，這不叫「屬於你」，因為表面上你好像拿到了，但實際上卻沒拿到。

第二，如果老師給你了，你也說知道了，但最終卻沒帶來任何具體的改變，那也不叫「屬於你」，因為你這回雖然真正拿到了，但有拿等於沒拿。

這世間的所有學問，包含學校進修、自我修練，最終關鍵都在於有沒有真正「屬於你」。既然人在這世界上，凡事都需要學習，也就是說，我們人生的種種，舉凡如何賺更多錢、如何達成任務、如何追求快樂，以及終極的問題：如何獲致幸福？其根本關鍵，就在於此。

雖然學習需要有老師，同時學習也需要有「你」這位學生，然而有過程不代表有結果。當坊間大部分的書籍或課程教材，傳授知識強調的是「我有教」喔！這本書卻要強調的是：「你有學到嗎？」以及「你有用到嗎？」

就好比在一個滿場都是喝采聲的演講廳，臺下的聽眾個個情緒高昂，認可臺上大師的觀點，但往往激情過後，短短不到半個月，大家早已忘了當時演講的內容，生活仍舊日復一日的過下去。那樣的話，還不如買本食譜或者摺紙練習本，至少我

們還可以真正煮一點東西，或摺出一隻美麗的紙鶴。

我發現，過往以來，包含傳統制式教育裡的師生關係，也包含日常生活中不論長輩對晚輩，或上司對下屬也好，很多時候，溝通了，對話了，但是常常有「溝」沒有「通」，有對話但心中沒認同。經過一段時間，事情進展不是令人滿意，不免就有齟齬，會有類似「當初不是告訴過你了嗎？」、「這件事我們不是談過了嗎？」之類的爭執，而常見的情況，這類的爭執不會有答案的，只會越吵越激烈，於是人世間，包含家庭、公司以及各種人與人間的不快樂，就這樣產生了。

人為何會不幸福？追根究柢，不就是許多這樣事情的累積嗎？論起源頭，搞不好只是一件小事。仔細想想，回顧自身，是否身邊也有很多這樣的事？

因此，本書要從「心」來著手，因為：

- 人與人間本來就因為經驗累積不同而認知不同，因此互動與溝通間就容易出現問題，因為老師或講者講的是 A，學生或聽眾的理解卻是 B。

- 當對方給予你 A 並且自以為是一種慷慨，你卻覺得自己根本不需要 A，甚至 A 對你來說反而是種麻煩，於是一方自以為對你有恩，另一方卻覺得是困擾。

　　所以什麼才是正確的呢？要做，就必須真正契合你的心，要你「歡喜做歡喜受」，才能真正把事情做對、做好，讓對方能夠真正的「看到、聽到或感受到」。

　　然而不幸的，提到「心」，卻又有一個很普遍的狀況，那就是許多人根本連自己的「內需」都搞不清楚，也就是說，他不知道自己真正要的是什麼？不知道自己要去哪裡？

　　於是，有者人云亦云，老師說什麼，他就做什麼，只不過總感覺生活不快樂，自己也不懂為什麼，等到哪天發現自己內心真正的需求，往往已經年過半百，深陷家庭、生活、事業的義務牢籠中，然後就讓這一生感受不到快樂。

　　有人隨波逐流、放浪形骸，這種人經常表現出憤世嫉俗，對什麼事都看不順眼，當你問他到底要什麼他也不告訴你，因為可能連他自己也不知道。

　　說到底，「心」在每個人身上，我可以怎樣觸及呢？

　　你是你，我是我，我無法觸及，或者至少我無法百分百觸及。然而，藉由多年的專業訓練，取得國內外多樣執照，我已經確定，每一個人都可以透過一定的方法，做到自我覺察。

　　我無法掌握你的心，但「你」自己肯定做得到。

　　本書就是要幫每位讀者，先由自我覺察做起，探索自我真

正的渴望，接著一步一步打開自己通往世界的大門。

　　如此，有了正確的學習管道，並且確認每次的學習，你不但學到了、做到了，並且也真正用得到，可以讓人生**翻轉**。這樣子的話，不論你有什麼人生夢想，那些幸福、成就、財富、願景，也都將可以一一實現。

　　這是一本屬於你的書，讓我們啟程吧！

　　第一步不是往大千世界走，而是打開內心大門，探索自己內在渴望與需求，最後自然遇見錢從哪裡來，幸福就等在不遠的前方。

第一篇　不忘初心
成功基礎信念篇

我是人生的失敗者嗎？我將被時代淘汰嗎？
感覺上像在茫茫大海找尋浮木，人生到底該怎麼辦？

第一章
從問自己要什麼開始

有沒有人覺得自己是個無欲無求的人呢？

我相信會翻閱這本書的，一定都是「有所求」的人。

如果無所求，就不會想打開書本找答案。

我知道現代人有很大的焦慮，

所謂人比人氣死人，

處在全球競爭的環境裡，

看到有人出入開的是名車，

有的人年紀輕輕就坐上高位。

媒體一天到晚報導，

誰誰誰開百萬超跑還跟警察互槓，

反正有錢就能耍帥；

誰誰誰在某個度假海島舉辦大型婚禮，

那排場所需要的經費，我們就算存一百年也負擔不起⋯⋯

於是，害怕、焦慮、恐懼⋯⋯

我是人生的失敗者嗎？我將被時代淘汰嗎？

感覺上像在茫茫大海找尋浮木，人生到底該怎麼辦？

找出你真正要的是什麼？

　　首先，我要告訴大家的，害怕、焦慮、恐懼，是常見的心理，但這些感受其實源自還未發生的事件之想像認知。我常說，這世界上最可怕的事情，就是無知。就好比原始部落看到會冒火的槍，便嚇得六神無主，讓文明先進的西方人靠著幾百人就輕易征服了上千萬人口的古老帝國。

　　大部分時候，大家所擔憂的狀況，不論是關於金錢或關於生活，其擔憂的依據，並非植基於理性的分析，只是處在大環境裡受到別人影響，受外界牽動，陷入自尋煩惱，夜夜失眠的困境。

　　莊子說：「子非魚，安知魚之樂。」

　　我們看到很多的老闆們，好像出手闊綽享受高品質生活，其實我們看到的有可能都只是表象，你怎能知道，那些有錢人背後，有怎樣的甘苦？而當看到生活水平看似較低的人，你又如何知道他們不快樂？

　　一個有名的案例，有一對年過半百、一輩子從事資源回收業的老夫妻，他們生活並不寬裕，但卻願意傾其所有，捐獻出上百萬元給更困苦的人。訪問他們時，他們覺得這件事理所當然，一點也不算什麼偉大的事，只因他們有這個能力，渴望去幫助在他們心中覺得需要幫助的人，所以就這樣持續的做了。

　　面對人生各種問題，首先，讓我們不要管別人，而要先管

管自己。不需要因為看到別人如何，因此內心就受到牽動，自慚形穢。

幸福之道不是來自哪個大師對你開示，或哪個總裁對你施恩，先從認識自己要什麼，然後才能找到什麼是幸福。

先來分享個故事：

Peter 因為嚴重失眠的症狀，到醫院求治。於是醫院要求 Peter 先住院一週讓醫生觀察，並檢查是否有其他器官的病症，所以導致精神上的影響。

第一天，Peter 仍繼續失眠；第二天，吃了醫師開的藥之後，情況已有改善；到了第三天，Peter 一到夜晚，睏意襲來，他終於得到夢寐以求的好眠。不料半夜卻猛然被叫醒，睡眼惺忪中，看到叫醒他的是護士，他問怎麼了。護士卻說：「這是安眠藥，依規定這個時間要給你吃。」

「吃安眠藥做什麼？我已經睡著了啊！」

護士說：「反正按照規定，你要吃安眠藥就對了。快吃吧！」

但 Peter 被叫醒後，已經無法入睡了。

諷刺的是，因為住院，Peter 終於發現，原來他過往失眠是因為內在擔心太多事情，現在強制住院，反倒讓他脫離那些壓力源，他放寬心後，就自然可以入眠。但醫生以為 Peter 是吃藥才好轉的，所以之後幾天，依然要 Peter 吃藥，反倒他想睡不能睡，必須等到護士送藥來之後才可以好好睡。乃至於到後來出院，他變成真的必須靠藥物才能入眠了。

　　這當然是虛構的故事，真正的醫院也不會有這種誇張的情境。但現實生活中，卻真的有很多類似的情境。許多人可能碰到問題了，卻不知道真正的原因，甚至後來明知道目前處置的做法是錯的，但卻仍繼續做下去。

　　我們怎能希冀，今天延續著昨天錯誤的模式，然後期望明天有新的結果呢？但這卻是許多人的生活模式。

　　面對現況或機會，一個人會有三種心境：

1. 想改變。
2. 不想改變。
3. 我要思考一下，才知道要不要改變。

　　如果你屬於第 3 種，沒關係，世上的好老師們都願意等，等你想清楚了再做，總比心不甘情不願做要好。**學習的基本行動與思維，「能快就不要慢」。**

　　而如果你屬於 1，那就要謹記前面的例子，你要成為那個繼續被錯誤餵藥的 Peter 嗎？若要改變未來，就要改變做法，要改變做法，就要先改變思維著手。

　　這也是本書要傳授給大家的第一個基礎觀念：

思維　→　態度　→　行為　→　結果

基礎練習

如果你覺得今天的結果不是我喜歡的,就不要再繼續沿用原有方式做同樣的事。請列出你感到不滿意的狀態(例如不滿意薪資、不滿意老闆、不滿意和配偶的關係等等),先找出不滿意的結果,才能著手進行改變:

・ 工作方面:

・ 家庭方面:

・ 人際方面:

・ 經濟方面:

・ 心靈方面:

後面可自我延伸問題。

先從思維改變做起

若想改變行為，要先改變思維，也就是改變腦袋固有模式的想法。

要知道，會有所謂的固有模式，一定是原先的你認為這方法是最好的，或是不知道還有更好的方式。因此談起「改變想法」，很多人覺得，我的想法一直以來都很正面，我也經常在學習新知，我有什麼需要改的嗎？

讓我們先來做個測驗。

假定你今天走在路上，忽然看見地上有兩張鈔票，一張是1,000元大鈔，一張是500元紙鈔，你要撿哪一張呢？

當然是撿那張1,000元大鈔啦！

有人則會多一點心思，咦？老師為何問這種答案很明顯的問題？肯定有陷阱，所以我選500元紙鈔。

但答案是什麼呢？答案是，既然都要彎下腰要撿，何不兩張一起撿呢？

這件事其實也反應了一般人的制式思維，在選擇前就把自己先框住了，忘了自己可以值得「一次擁有」。

於是相信有人開始抗議了：「老師，是你問的問題誤導的，你自己說要撿哪一張，所以我們才選擇其中一張的。」

那麼，讓我們回歸到人生現況吧！假設有個外國人問你，我人在臺北想去基隆，是要搭往臺中的客運還是往高雄的客

運？答案當然都不是，因為兩者都到不了。但你會因為外國人只給你兩個選項，就因此侷限在這兩個選項裡嗎？同樣的，人生很多狀況，包括自己碰到需要做抉擇的時候，不一定得真正有人問你問題，而你必須做出判斷。

一般來說，我們多數人都採取內心的直覺反應，好比說很多人直覺回答要選 1,000 元大鈔，而我們的腦袋是怎樣反應的呢？這植基於過往的訓練，如果一個人過往以來的訓練就只針對某個範疇，當面對問題的時候，他的回應也就不會超出那個範疇。

所以有句話：「資訊的落差，等於財富的落差。」我們總是要透過不斷的學習，讓自己碰到抉擇的時候，有更多的選擇，以及更好的答案。

而所謂答案也有量和質的差別。舉例來說，一個大學生跟一個小學生，針對數字運算能力有很大的差距，前者可以做到複雜的運算，包括投資多少錢可以有多大的投報率等等，但後者只能做簡單的加減乘除。然而無論計算的是幾千萬元的大金額，或者只是幾百元的算術，終究都是侷限在「數字多寡」。

但假如一個問題的答案，根本不能用數字來解決，好比說行軍打仗，前面遇到一個頑強抵抗的城池，於是兩個部將互相爭論著，一個說至少要派兩萬軍隊攻打，一個說只要派一萬人就足夠了，當雙方爭議不休時，最後指揮官做出的裁決，卻是讓軍隊繞過這個城池，直接攻往原本的目標。

這就是思維的不同，不只是誰比誰聰明的問題，而是能不能「跳脫固有的思維框架」，創造出新格局。

下面我再問大家一個問題，請問大家覺得應該怎麼做？

假設今天你想投入一個事業，需要 10 萬元資金，你本身有 5 萬元，尚不足 5 萬元，那麼你該找朋友借錢，還是邀請他們來做投資呢？這不是腦筋急轉彎的問題，我們要問哪一個答案適合，請用心去模擬情境。

朋友借我 5 萬元跟投資我 5 萬元有差嗎？反正結果都是我拿到 5 萬元。

實際上卻不然。如果你是向朋友借 5 萬元，那麼心中就多了一份壓力，有時候會庸人自擾，好比說，上月他借 5 萬元，二個月後老同學聚餐時，他也出現在那個場合，當他無意間眼神看著你，你心裡就會想，他是不是想跟我要債？就算對方沒這個意思，言談舉止間，你也會自己想著，是不是因為我欠他 5 萬元（借，沒還就等於欠），就欠他一份恩情？結果，原本的友情就不免變質了。

換成另一個情境，你邀他投資 5 萬元，那麼以後見面，大家只會歡歡喜喜，因為你們是共同投入一個事業，你願意跟他分享你事業的喜悅，而不會遮遮掩掩。後來這生意賺錢了，他也很高興，因為他不僅僅拿回當初投資的 5 萬元，期間還有事業的分紅。

同樣的 5 萬元，結果卻是大不同。

　　這就是改變思維，應用在事業上的結果。近年來流行共享經濟，在本書後面會介紹如何落實共享經濟於創造財富，在此要提醒各位讀者，開始練習鍛鍊思維的運作模式，創造不同的寬廣格局，邁向美好人生是很有幫助的。

你為什麼想要變有錢？

　　談起改變，我們若改變思維了，最終期待的結果是什麼呢？相信每個人心中都有夢想期許，有人想要變成大富翁，有人想要開咖啡店當老闆，有人想要環遊世界等等。

　　然而，大部分人的夢想與目標都不明確，而不明確就不容易帶來動力。

　　舉例來說，兩個人見面說要聊聊將來的合作事業，他們會怎麼約呢？「改天來談談吧！」「改天」是哪一天？既然沒有明確的日子，理所當然，兩人都不會有所做為。

　　但如果兩人見面，約定明天上午八點在街角那家咖啡廳計畫一下，那就不一樣了，今晚你至少會花時間整理一些資料數據，明天早晨的鬧鐘也會設定好，要比平常早起床。總之，你會有所「行動」，因為有個明確的誘因等在那裡。

　　同樣的，很多人說要賺大錢，但到底要賺多少？不知道。這就好比前面說的，要談事情「改天」再談是一樣的。

我們想要往成功的道路前進，就要先了解自己。其中很重要的一個項目，就是了解自己「要」什麼？一切必須明確，必須可量化。

- 退休之後想要過好日子？什麼叫做好日子？具體來說，到底每天要有多少零用錢可花用，才夠讓你過上好日子？

- 想要成為大富翁，擁有名車豪宅。怎樣才叫大富翁？1,000 萬元資產算不算？還是要 1 億元才算？賓士車算名車嗎？還是要開法拉利才是名車？豪宅是一定要位在臺北市信義區那種嗎？還是就算在花蓮山上擁有整棟透天厝也算？

- 我想要像郭台銘那樣有錢。但說到底，你真的知道郭台銘多有錢嗎？你了解他是怎麼變有錢嗎？所謂「像」郭台銘，是指擁有他那樣的事業規模，還是他的申報財產？或者你指他的賺錢能力與氣魄？

有時候和朋友聊這個話題，得到的回應是：「何必那麼嚴肅？只不過聊聊夢想罷了，何必要細究？」

但人生真的必須細究，因為沒有細節，就不會認真去做；沒想要認真去做，就不會有熱情，不會有全力以赴的誘因，結果就是一成不變，夢想終究就只能是夢想。

一個攸關每個人未來，真的需要細究的事：人都會變老，不論處在哪個行業，有一天都得退休。如果退休後過「好日

子」只是個夢想，你不會認真的面對。但當我們把「好日子」定義清楚了，假定我和你坐下來計算，你說退休後戶頭裡至少要有 5,000 萬元。

假定你現在 35 歲，想要 65 歲退休，戶頭裡還要有 5,000 萬元，那代表什麼呢？很簡單的算術問題，距離退休還有 30 年，5,000 萬元除以 30 年，再除以 12 個月，代表每個月要「淨存」約 14 萬元。就算有人說可以透過理財投資，假定所有投資都有賺無虧，找到一個資金投報率 30％的理財工具，那也得先有一筆本金才能開始理財。假定你現在是月入 5 萬元的上班族，是不是要改變生活模式才能達到目標？方法可能是換工作，或者早日規畫透過房地產投資或其他投資（包含人脈、資源、個人學習成長）等等，總之，絕不是照你現在原本的模式。

無論如何，也許本來你只是「說說」，只有當你認真去面對自己「要」什麼，一切才能化為具體可行的目標，你也因此有了誘因。

當你知道每個月必須存 10 萬元才能達到目標時，你還會每日過一天是一天的上班打混嗎？肯定必須改變。

然而，就算如此，這也還是比較表層的動機。

什麼是深層動機呢？

如果說你的願望是想要賺大錢，這只是表面的願望。經過分析，你明確說你想要在 65 歲前戶頭有 5,000 萬元，但這也只是表層動機。

於是我們必須再探索，你為什麼想要在 65 歲前存 5,000 萬元？

當許多人被問到時，都會先愣住。甚至說，人都想要變有錢，所以想要有錢有什麼好奇怪的？透過不斷的探索，他也持續自己省思，最終才會找到真正渴望的動機與需求。

為何想賺錢？

* 有人是從小看到爸媽辛苦工作覺得不捨，期待自己未來不要那樣辛苦，並想要給爸媽過更好的生活。
* 有人小時候家裡靠借貸讓他完成學費，覺得這樣子壓力太大了，他期待自己的孩子，可以在家庭財務無虞下過生活。
* 有人曾經心儀一個女孩，也感覺女孩對自己本來有些好感。但最終她還是嫁給一個經濟條件較好的人，於是他痛心的感到，必須讓自己有錢。

當找到內心真正的渴望，一個人就有了力量，而不再用力氣工作。從此每天工作，不再只是制式任務，而會有了真正的價值與意義。也只有當這樣思維，才會發現單靠力氣賺錢無法長遠，必須啟動學習與投資，逐步的讓錢來賺錢。

現代人整天奔忙勞碌，也不知道在忙些什麼，我喜歡喝咖啡，「整個城市都是我的咖啡館」這廣告詞的銷售吸引住我，

「再忙都得和自己喝杯咖啡」。

　　也許先花點時間，停下來想想你要什麼。所謂「休息是為了走更長遠的路」，真正應該用在這樣的地方。

基礎練習

練習想想，你人生想要的是什麼？

1. 基層省思

以下是提示，同時，也可以不侷限在這樣的範圍。

・　財務上：

・　事業上：

・　事業上：

・　感情上：

・　靈性上：

請認真想思考，並且寫出越具體越好，例如財務上，不要只寫想要變千萬富翁，要寫要在〇〇歲前，戶頭裡有存款至少〇〇萬元。感情方面，也不要只寫想要娶美女過著只羨鴛鴦不羨仙的生活，要更進一步想像那個畫面，你像要的家庭樣貌。甚至可以具體化、視覺化地展現在日常生活，例如製作自己的夢想藍圖。

2. 深層省思

認真寫好以上答案後，再針對每個答案，探究原因。

為何你想成為千萬富翁，是因為這樣子可以炫耀滿足物質需求，還是生命中有渴望被滿足的動機？

為何想要娶美嬌娘，是因為受到周遭環境或比較下的影響？還是你內心真正渴望理想伴侶的樣貌？是德性重要？是考量未來要共同創造經營的生活是否相合等等？

第二章
為美好的自己許下諾言

經常我們會聽到一句話:「成功者找方法,失敗者找藉口。」

道理是對的,但為何這麼簡單的一句話,仍然無法被普遍落實呢?

其實就跟學校裡老師上課一樣,老師要學生們背唐詩,許多孩子卻背不出來。

「那麼簡單怎麼不會背呢?」關鍵在於:動力來源是出於主動還是被動?

你說孩子笨嗎?你看那些讓大人看得眼花撩亂、難關重重的手遊,孩子們卻會自己想方設法去破關,遇到再大的困難挑戰,也會透過不斷嘗試,以及上網路群組找同好交流,總之就是要過關就對了。

他需要人家逼迫嗎?不需要。

小孩子如此,成人就更不用說了。

因此,我們儘管可以讀許多勵志書,上許多大師級課程,背誦許多經典名句,但成長的動力源,還是要得從內裡在尋找。

本章,讓我們一起來尋求突破。

記住,書本及老師只是協助者,主角還是「你」自己。

邁向成功第一步：做出承諾

讓我們從頭開始吧！第一章我們已經學習去探索自己的需求，這代表我們成功了嗎？其實若以賽跑從起點到終點來比喻，找到需求目標，頂多只能「確認終點線在哪裡」，你甚至都還沒開始做賽前的暖身呢！

我們可以看看社會上普遍的現象，大家不是不知道做人做事的道理，甚至也不是不懂該怎麼做，但為何知行不能合一、不能言行一致呢？那就是因為少了自我承諾。承諾的力量是很大的：

- 政治人物公開宣示他的理念，後來若沒做到，就永遠會被媒體輿論像蚊子猛攻一般叮得滿頭包，因為他已做了公開承諾。

- 男孩深情款款的跪在女孩面前，捧著一束花，對著她信誓旦旦的表示，他將一輩子好好善待女孩，至死不渝。女孩感動得哭了，不是為了那鮮花，也不是男孩下跪的舉動，而是她聽到了承諾。

- 古時候紅頂商人重然諾，胡雪巖以誠信起家，打造那個時代的生意人典範。現代買賣必須靠白紙黑字的一紙合約，一旦雙方各自簽名，那就是一種承諾，遇任何狀況不得反悔。

　　我們從小到大，聽多了「信義」、「誠信」、「信譽」等字眼，被長輩前輩們要求建立種種人與人間的承諾，卻唯獨忽略了「自己對自己」的承諾。

　　少了這種承諾，影響是很大的。具體來說，大部分人為何既想成功，又不積極採取行動呢？因為對於自己想要的，已經習慣性的「無所謂」，就好像自己講的話可以不用在意，反正只是「說說」而已。

　　我發現，這種習慣的源頭，有可能來自於原生家庭的環境或教養。小時候，當爸媽帶著小朋友走過街上，小朋友在櫥窗看到喜歡的玩具，吵著跟爸媽說他想要玩具。爸媽就說，寶貝別吵以後再說。後來在家中，小朋友不時又提起這件事，但爸媽每天都很忙，為了安撫小朋友，便隨口應了聲：「好啦！下禮拜帶你去買。」

　　但下禮拜真的會去買嗎？爸媽可能早就忘了這件事了。於是孩子從小就被種下一種印象：「反正大人的話，都只是說說而已。」等到自己後來長大了，也變成這種「只是說說」的大人了。

　　今天，讓我們邁向成功的第一步，就是先練習對自己負責，做自我承諾。

　　先別喊著要變成億萬富翁這種比較遙遠的事，讓我們先從簡單一點的事做起，如果連簡單的承諾都守不住，又如何奢談未來呢？

　　常見的情況是，參加一個團隊活動，好比說自然生態小旅行，領隊會告知每個分組成員，請看看身邊這幾位夥伴，請大家先彼此認識，並許下承諾，活動期間你要關心及照顧你的夥伴。現場大家都說沒問題，但承諾多快破功呢？答案是十分鐘就破功了。

　　在出發前，大家先在教室做一小時的生態介紹，接著有十分鐘休息時間，此時學員各自跑開，抽菸的抽菸，打手機的打手機，跑廁所的跑廁所，等到要出發做生態之旅了，領隊問成員知道剛剛夥伴們的情況嗎？大家都說不清楚。

　　大家不是說好要關心及照顧夥伴？為什麼那麼輕易的就打破了承諾呢？因為大家普遍都沒有自我承諾的習慣。也就是說，不習慣遵守自己的對自己所許下的承諾。

　　可不可以讓自己，先「看重自己」，願意對自己說的話負責？下面我們來做自我練習：

自我承諾練習

1. 老師交代的簡單任務

如果你願意追求成功，那麼請遵守。如果你只想隨便翻一翻，老師也無法幫助你。試著先對以下小目標做出承諾，然後督促自己一定要達成。

・　我要在三天內，真正從頭到尾讀完這本書。

- 寫下我在本週待辦的事項或計畫、時間，列出優先順序，並且在期間內完成。
- 我要寫下我的人生目標，並且將目標貼在我每天起床或在家中都看得到的地方。

請注意！除了你自己外，沒有人會來檢視你有沒有遵守承諾，所以不需要作弊或者投機取巧。準備好就出發！

2. 真正的自我承諾

當你了解承諾的重要，並且決心改變自己過往拖延或不明確的壞習慣時，你就可以寫一個只給自己看的「自我承諾書」，無論是要貼在房間牆上，或記在本子裡都可以。請務必寫下你「真的願意」做到的承諾，自己對自己負責。

加強通往正確之路的心錨

人是利己的生物，如果一件事將來對自己有利，為何不願意做呢？那是因為要拿到利益的「好處」前，必須面對種種的風險，並且必須跳脫目前的習慣（也就是舒適圈）。簡單說，雖然這件事對我有利，問題是「我不一定能得到」。

成功者在找方法的過程中，可能通往目標有一百條路，但只有一條是正確的，成功者會去找出屬於自己的那一條路；失敗者則是找藉口，在通往目標的路途上，他看到或經歷過幾條有阻礙、有困難的路，他就把那些阻礙或困難當作藉口。

要怎麼改變這種觀念呢？

第一章我們曾介紹，要改變結果，必須先改變行為，要改變行為，必須先改變態度，要改變態度，則要先改變思維開始。

先來看看什麼影響我們的思維？我很喜歡的一本書，是「富爸爸首席集團」顧問布萊爾辛格寫的《管好自己的小聲音》，書中就提到，往往阻礙我們行動的不是別人，而是自己的大腦。

可以說，每個人腦袋裡都有兩個聲音，一個是天使的聲音，一個是魔鬼的聲音。好比說當我們要突破時，腦海裡就會有一個聲音會告訴你：「太棒了！這是個改變人生的機會，搞不好因此可以讓我們翻身！」同一個時間，另一個聲音卻對你

拉扯，告訴你：「做這件事太危險了，何苦去冒險，一切照原狀不是也很好？」

基本上，我們每個人每天做任何事，都有這兩種聲音在拉扯，而成功者就是能夠把這兩種小聲音管理好的人。

一個很好的管理方式，就是試著為自己「下心錨」。

所謂心錨，是 NLP（Neuro-Linguistic Programming，神經語言規畫程式學）很重要的用語，透過建立正確的連結，影響行為人本身的思維情緒，引導出為自己所欲的結果。舉幾個常見的例子，好比說有的人光聞到麵包香味，內心就會湧起溫暖的感覺，因為透過嗅覺心錨，這味道讓他聯想到過往美好的經驗。有人則是被拍拍肩膀，就會雙眼含淚，因為過往以來，她碰到難過的事情，親愛的人都會這樣安慰她，因此建立了觸覺心錨。

另外，我們也常在運動場上看到，有運動員得分或者打一手好球，就比個拉弓的姿勢為自己喝采，對他來說，那是帶給他激勵的心錨，每做一次，就更加強心錨的效果。

這裡我們不談複雜的 NLP 專業技巧，而是透過人人都可以簡單做到的方式，來練習為自己下心錨。

具體的應用，首先回歸到我們每個人自己的狀況，當遇見需要抉擇的情境，腦內總有兩種聲音，我們該如何管理呢？假定我們的人生目標是 A，相反的情境則是 B。對於 A 情境，期待要擁有自己的企業做個有魅力的領導者，你得認真去想像

那個畫面，而當那個畫面的細節在你腦海很鮮明時，立刻為自己下心錨，方法可以由自己設定，例如透過在手上彈橡皮筋或接連壓著不同手指頭等等的方式，透過這樣的動作，建立連結。

每當做任何一件事讓我離目標更近，我就啟動這樣的動作連結，等到這樣的心錨建立的連結越來越穩固後，日後只要隨時做出這樣的動作，就可以導引自己進入那個所欲的情境。

同時，這個方法也可以運用在生活中，督促自己不要偏離人生目標。例如每當你又想要偷懶、又想到拖延告訴自己「明天再說」時，適時的啟動心錨提醒自己不要偷懶，因為你已經做了承諾，你必須要遵守承諾。

所有成功的人都會先建立成功的習慣，如果你在乎並且重視自我承諾，那麼終究你也會建立出屬於你的成功習慣。當一件事成為習慣了，你就不容易感到痛苦，朝所欲目標前進。

- 運動員早起健身，已經變成習慣，所以一點都不會想賴床。
- 孩子養成早晨念書的習慣，所以不用家長催促，他就自己會要念書。
- 業務員習慣每天至少發 100 張名片，以及電話聯繫 20 位客戶，倘若哪一天他未能達成目標，反倒會覺得內心不安，因為打破了自我承諾。

所以，當我們明確自己要的目標，接著就得建立自我承

諾。透過心錨來加強及修正自己任何偏離目標的行為，那麼你就真正建立朝向成功的第一步。

學習自我啟動，朝所欲目標前進

說到這裡，你有沒有發現，前面我一直強調「自己」兩個字。如果說有一條通往成功的道路，掌控這條道路的人是誰？不是父母，不是你的老闆，也不是你的老師，而是「你」自己。

- 你必須自己選擇要傾聽天使還是魔鬼的聲音。
- 當面對阻礙困難抉擇時，你自己必須重視自我承諾，讓自己回到軌道上。
- 如果一個人一心只想找藉口，拒絕讓自己往前，身旁的人可以幫助的也有限。

以打網球來比喻，建立心錨以及自我承諾，並且已經將這件事變成習慣的人，就好像一個人內心渴望著打球，不用任何人催促，他可能每天下班後就迫不及待的趕赴球場和球友會面。然而回溯到他最初剛接觸網球時，若是沒有教練的啟發，他可能一段時間都摸不著頭緒，此後終身都對網球沒興趣。

或者還對網球技能半生不熟時，沒有一個學習的指引對他時時導正，他也可能到某個階段就主動放棄。唯有透過教練的教導，讓他發現網球的奧妙，並且一次比一次更加渴望認識多

一點，他才能踏入這個領域，然而到了某個時間點，教練可能就不再扮演常態督促的角色，到那個時候，真正引領他想打球的動機，已經是來自他自己的內心，而非任何外力。這就是自我啟動。

任何學習都是如此，包括人生每一種正向學習都是如此，歸根結柢，學習的使命都回歸到自己的心志。

任何人若將自己人生的方向盤委由教練、主管或是其他人手上，他就無法掌控自己通往未來的命運。

如果只有在課堂上，有了教練激勵你才會積極往前走，當下課回家過了一個禮拜，你又故態復萌，得過且過，那就代表你沒有建立起「自我啟動」機制。可能原因很多，也許你對自己仍然沒有自信，也許你害怕跳出舒適圈，或者你根本一開始就沒有設定真正的目標，所以沒能燃起你內心的熱情。

那麼，就請你翻開第一章重新練習起。

這點很重要，根據我長久以來培訓的經驗，與其教練們每天耳提面命或苦口婆心的推著學員往前，還不如放開學員，讓他自己去感受去體悟，當落回從前的錯誤窠臼時，他是否會感到痛苦？為身邊的人做太多，有沒有可能是害他而不是幫他？我們總要靠著自己的力量往前走。

下頁這張圖，代表簡化版的「從現在到目標間」的路：

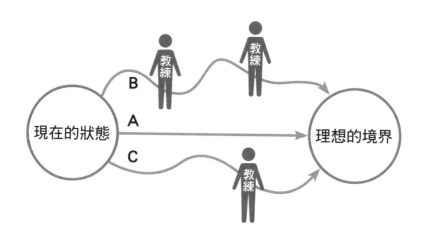

　　最好的狀態當然是每個人都能走 A 路徑，一路直通自己的理想目標境界。但實際上世事不可能如此美好，總會有彎曲挫折，如同 B 路徑或 C 路徑般，重點是，每當偏離正道時，教練或良師益友正是可以扮演提醒你正確道路的人。若少了教練或良師益友，可能在 B 路徑和 C 路徑的轉折處就直接偏掉，離目標越來越遠。

　　不過即使教練或良師益友再怎樣想協助你，如同圖示，他們也只能站在你的路徑偏離處，扮演協助指引的角色，無法代替你走你的道路。

　　那麼到底該如何才能讓我們把這條路走得最順呢？

　　下一章，就來談通往成功之路的三個修練步驟。

基礎練習

接續前一個練習，在你做好自我承諾後，請建立你的習慣（企業主、主管亦可以公司組織來練習）：

1. 為了達到我設定的目標，我現在可以做怎樣的改變？也就是問問自己，可以採取怎樣的行動，並且這行動是具體可行且與過往不同的？

2. 我如何建立自我心錨？當自己遇到挫折、阻礙、困難時，我設的心錨是什麼？

3. 在我通往目標的道路上，誰可以擔任我的導師或教練？可以列出不只一位，包括師長、學有專精的前輩或值得信任的好朋友，也包括自己的父母，都可以扮演這樣的角色。

第三章
認識這個獨一無二的你

想像一個情境:在辦公室裡,已經快到下班時間了,總經理突然面容嚴肅的進來宣布,後天有大客戶要來,所有業務一課的人今晚必須加班趕出簡報,明天還要開一整天的會,安排包含環境清潔以及接待禮儀種種事情。

這時候,如果你是業務一課的成員,你心中第一個冒出的念頭是什麼?

「為什麼要臨時宣布這種事?」、「為何要耽誤我們下班的時間?」、「為什麼是我們?」、「都是企畫部,他們早該有簡報了」……這種反應,就是典型的:碰到問題先抱怨與責怪。

一個人的性情表現,不會只在一個領域發生。如果他在職場上,碰到事情腦子先轉到負面思維,那麼他在其他領域,包括家庭以及人際關係與人互動上,有可能也是這種態度。

如何改變?先從自我覺察開始。

自我覺察第一步：懂得尊重

　　在第一章我們談到自我省思，探索自己的人生目標時，那其實就是一種基礎的自我覺察。然而，真正的自我覺察範圍還要更廣。

　　我們經常無法自我覺察，因為從小到大已經理所當然地把自己的思想認知套在別人身上。最極端的狀況，例如在你主辦的一場餐會上，在你面前有一盤菜，你覺得太辣、味道太重，就叫侍者把菜收掉，但卻沒想到自己不喜歡這道菜，不代表別人也不喜歡這道菜。

　　通常在嬰幼兒時期，才會處在極端的「自私」裡。他們眼中真的只有自己，餓了就哭鬧，不會去管別人忙不忙。然而隨著年紀漸漸增長，視野逐漸開拓，就應該培養出更寬廣的心境，懂得接納包容更多的可能性。然而即便如此，現實社會中大部分的人，或多或少還是處在「自我本位」，世上的許多爭吵不愉快，往往也因此而來。

　　通往成功的道路上，除了要找出自己定位外，更需要經常與人互動。因此，做好自我覺察，是一個人在社會上立足的基本。做好自我覺察有三個基本原則：懂得尊重、認識自己和選擇與負責。

　　首先來談的是尊重，這是人與人間相處的最基礎要件。

　　提起尊重，第一個聯想到的是對人要客氣、要有禮貌，但

這不是我所說的尊重，對人有禮貌只是與人應對進退的禮儀。我所謂的尊重，是指這事件發生時，透過「**先接受再了解**」，而不「**先拒絕後懷疑**」的態度，同理對方的動機與情緒，進而了解事件或狀況的發生，是客觀的，但感覺是主觀的。清楚知道一件事：

每個人都是獨立的個體，我的想法不代表他的想法，我不該把自己的模式套在他人身上。

「從內心做到尊重」這件事，比起遵守禮儀要困難得多，因為大家總習慣以自己的經驗為別人做註解：

- 與同事互動，覺得我的工作模式是對的，他的是錯的。在此，所謂「對」與「錯」已經融入自我評斷分析。事實上，你的「對」不代表是另一方定義上的「對」。
- 看到某個人講話比較大聲，便判定他是個性粗魯的人；看到某個人比較安靜沉默，便判定他是比較膽小的人。事實上，聲音大小跟個性沒直接關係。

在此，所有的判定都是站在自己個人過往經驗的累積，而個人經驗往往不能代表普世的共通標準。

學習尊重，就是當面對另一個人的種種，包括他的談吐、他的心情、他面對事情的態度，要心存這樣的想法：「也許你的應對進退方式跟我不同，不過我尊重你有選擇你要的方式與想法。」

　　社會上的種種紛爭，緣由總在於當兩個人的認知不同，又不懂得尊重，於是用自己的標準去衡量批判對方，對方也繼續做出對抗反應，因而煙硝味四起。

　　要先確認的一件事：**一個人無論高興或是憤怒，情緒發生就發生了，這件事沒有對錯。**每個人的情緒背後，都有個引燃情緒的動機，這關乎個人的經驗，我的經驗絕對無法套用在你身上。

　　一旦可以抱著這樣的心境，當碰到與自己認定的互動模式不同時，我不會被撩起負面情緒。相反的，我會抱著學習的態度。我會想，為什麼我說這句話他的反應那麼大？原來背後有這樣的故事，那我以後知道了，這件事也增長了我的見識。

　　在職場上經常發生的一個狀況，那些主管以及資深前輩們，可能心裡已經先幫同事貼上標籤，認為他們就是不懂事。於是總愛以上對下的形式做互動，結果造成彼此間的不滿。若原來每個人可以帶給公司有建設性的新觀念、新想法，也常會因為這種不懂得尊重的互動模式而被抹煞掉。

　　人與人間的溝通，若經驗的「傳」、「承」願意帶著「學習」的態度，由於大家總喜歡「被請教」的感覺，於是反倒處在被請教的狀態，那個被溝通的另一方，就願意滔滔不絕的貢獻所學。

　　相反的，倘若一開始就想去「指教」對方，對方的自然回應就是會起防備心。因此在職場上，一個好的領導人可以引導

部屬自發性覺察問題，並且完成目標或工作，而不是一味地表示權威。

　站在尊重的立場上面對「人」，也面對「事」。

　有這樣的基本認知，才能做好自我覺察。

基礎練習

找幾個特定的日子，在一天工作忙碌後，回憶這一天，你是否有與人衝突，或辦公室內是否發生不愉快的事。重新審視當時的事件，評估自己：

1.是否面對問題不夠客觀，任由情緒主導自己的喜怒哀樂？

2.當與另一個人起衝突，產生的結果不是你要的時，雙方的衝突點為何？是因為每個人認知不同（引發自己起衝突的原因）？還是對方真的有所不對？如果有機會可以再來一次，你有更好的處理方法嗎？

3. 學習「懂得尊重」後,當在以下情境,你該如何處理?

(1)在公司會議上,你的意見被另一個同事高分貝反對。

(2)產品銷售出去,客人來電表達他不滿意,但你覺得產品本身沒問題。

(3)假日你興致高昂想去逛遊樂園,但你的伴侶卻懶懶的不想出門。

當碰到以上這些與你「意見衝突」情況,你的處理方式會不會和從前的你不同?

自我覺察第二步:認識自己

一個懂得尊重的人,也就可以進一步做到省思自己。否則遇到不如己意的人或事,同時未能滿足自己的認知時,第一個反應總是想與人衝突,這樣是無法自省的。

每天我們工作及生活,多多少少都會遇到問題,**其實一個人應該擔心的不是問題本身,而是那個面對問題的「自己」。**人的格局是會提升的,舉例來說,一個小學生可能搭公車回家後才發現自己的錢包不見了,這對他來說是件天大的事,他可能因此嚎啕大哭一整晚;但一個成年人就比較能成熟處理,甚至一個大企業家,可能今天一筆投資損失了 1,000 萬元,他也

能有所為的安撫心情，繼續處理其他的公事。所以「問題大小」不是重點，自己「面對問題的態度」才是重點。

談到自我覺察的第二步驟，就是認識自己。最佳的檢驗時刻，就是碰到問題，特別是偶發事件的時候。

舉例來說，若以職場來做例子（當然，也適用在其他領域），那麼我們容易看到五種類型的自己。假定今天公司發生一件事，例如產品不良，客戶打電話來客訴了。主管到各部門進行來了解狀況，常見的五種內在感受所引發的行為：

一、否認型

這種人基本上碰到事情就立即採取防備。第一句話往往就是：「這不關我的事，那不是我的問題。」

好比說接到客訴，他們會說：「那不是我的問題，應該是那個客戶自己不懂得產品使用規則……」

二、指責型

反正出事了，他都是被冤枉、被陷害、我是背黑鍋的。他們基本的反應模式，都是：「因為他……，所以我才……」

如有客訴的狀況，他們會說：「那不是我的問題，是主任之前要我們這樣處理的。要罵就罵他，我只是聽命行事，不是我的問題……」

三、自圓其說型

「反正千錯萬錯都不是我的錯，如果我真的跟這件事沾到關係，那也是情有可原。」

當老闆們期盼有人解決事情時，這類型的人卻寧願把時間花在為自己辯解，甚至說得頭頭是道，講到後來，好像想反過來指責主管的不對似的。

四、放棄型

有一種類型則是知道錯了，他就選擇逃避。反正要去處理後續好麻煩，「好吧！我錯了，大不了我不幹了行吧！」這種抱著「辭職不幹的人最大」心態者，永遠不懂得承擔責任，即便換了許多工作，也依然會一事無成。

五、壓抑型及其他

另有一種比較特別的類型，碰到事情被責罵了，就心生委屈，表面上知錯，實際上他以更強烈的方式表達：「我都這樣了，你還要怎樣？逼死我嗎？」

還有一種則是反應過度，當碰到問題時，覺得自己怎麼那麼沒用，於是可以為了一件錯誤，好幾天心情不佳。更嚴重的狀況是自我否定，那已經到了必須要心理治療的地步，本書暫不討論。

以上無論是哪一種，有一個共通的形容詞，那就是「不負

責任」。一個人要透過自我覺察，讓自己成長，其結果就是要培養自己成為「負責任」的人。

自我覺察第三步：選擇與負責

當一個人透過自我覺察，發現自己是屬於怎樣的人，驚覺到原來自己有遇事推拖的習慣、有愛找藉口的習慣……等等，於是就可以開始調整自己。

在下一章，我們會介紹幾個自我覺察的修練心法。在此，我們先來談自我覺察的第三步。

每個人必須知道，過往的每一步，都是你自己選擇來的。你選擇要念理工學院或商學院，你選擇要到國外或臺北上班，你選擇要結婚或結束一段感情等等，你就該對自己的選擇負責。一個負責任的人，知道不論任何事的發生，某種角度來看，我是一個源頭，我的反應或多或少，會散發磁場及一定影響力，進而產生不同的結果。

以這樣的心態，當事件發生時，必須思考，為什麼會發生這件事？什麼原因結果不如我意？是我多做了什麼？或少做了什麼？要清楚認知，發生的事就是發生了，時間不可能倒轉，也不可能遮住眼睛假裝沒看到。唯一可做的，就是面對問題。

一個人要先願意面對自己，然後可以面對問題、承認問題

才能進而解決問題。

解決問題有多種方法，包括：

第一種是將當下事件處理掉。

第二種是將當下事件傷害最小化。

第三種，若當下事件無論如何還是會造成一定程度傷害，那在事件中做到學習了什麼經驗，以後避免再犯。

而這些都植基於「接受自己，願意面對自己」的前提上。所以自我覺察的第三步驟很重要，因為這也是一個人可以迎向成功的關鍵，投資理財也是如此。畢竟，通往成功的路途，一定充滿挫折挑戰，唯有具備成熟心境的人，才能夠迎戰問題。

人中之龍怎麼來的？

當做到以上三步驟自我覺察後，回過頭來，讓我們來繼續本章章首的那個案例。當你在辦公室準備要下班了，突然總經理進來宣布今晚必須加班，以及布達明天種種必須忙碌的繁雜任務。你的反應是什麼？

這個反應，也代表著你未來的職場會是如何發展。

這裡，讓我們先來聊聊更高的一個層次談職場的文化吧！想想，是否在一個辦公室裡，經常有不公平的事情發生？好比說，明明同時期進入同一個部門，年紀也沒差很多，為何某甲

的薪水是 5 萬元,而我只有 3 萬元。

　　從前的你,可能會讓自己陷入受害者情結,總想著自己受委屈了,是被不公平對待了。如今你學了自我覺察的三步驟,你的心境有沒有轉變呢?

　　當一個人計較著 3 萬元與 5 萬元,不論薪水多少,那終究只是數字,你是站在「價格」的角度想事情,當我們重新思考,改用「價值」的角度思維,於是你是不是該認真想,為何公司認為我只值 3 萬的「價值」呢?我得提升能力,提升專業度,願意正面積極的貢獻付出。

　　以這樣心境取代抱怨的心境,這時候你開始認真去觀察那位領 5 萬的同事做了什麼?於是你才發現,每次生產線碰到難題,大家總會去找他,因為過去的他總是主動的關心與協助他人,同時也累積更多專業上的經驗。另外他處理事情時有自己的想法,同時能夠主動提案給主管,做出有助於公司的建議。

　　總之,當你心態轉變,你就會發現,你的視野不同了。**當你尚未自我覺察時,你總覺得自己是個受害者,現在透過認識自己並且開始練習自我覺察,你將蛻變成為一個負責任的人。**

　　於是當總經理進來宣布今晚要加班,你練習跟自己說:「好棒的經驗,我們有大客戶要來訪了,我可以學到如何跟大客戶做簡報,以及公司的基本接待禮儀,因為我的參與要讓客戶下單,並且有助於公司的獲利,這真是難得的學習經驗啊!」

　　然後你也會發現,那些人中之龍,薪水比較高、職位爬

升比較快、將來也更容易獲致財務成功者，原來也都是善於學習、貢獻、付出的人。

從此你遇事不推卸責任，別人不想做的，你承擔下來做，別人休息時間都在打混聊天，你卻願意多花點時間學習不同部門的作業流程。別人碰到問題喊倒楣，你卻覺得又能提升一次處理事件的經驗。這樣的人公司喜歡嗎？不只公司喜歡，事實上，你的所有人際關係，包含家庭關係、社團關係以及所有生活中各層面的關係，都可能因此得到改善與提升。

這就是自我覺察後可以獲得的正面力量。而站在這樣的位置，我們就可以來談如何追求成功的人生。

基礎練習

1. 省思自己，是否在職場或日常生活：

（1）是否經常抱怨？我的抱怨是否是一種逃避責任？還是真的碰到忍無可忍情境？

（2）今天在職場是否遇見特殊事件，讓你不快樂？（例如主管要大家加班、客訴、調職或銷售被拒絕）

審視自己，當面對這件事時，你的心境是什麼如何？為什麼會用這種心境處理事情？

2. 讀完本章，你是否願意當個「負責任」的人，這個新思維，對你日後在職場上的工作態度，會有怎樣的影響？

第二篇　把心打開
自我操練奠基篇

如果想要獲致真正的成功，我們必須練習自我操練，
而操練的關鍵，就是認清自己的心處在什麼位置，
進而有更明確的下一步。

第四章
今天，我和自己對話

來複習一個大部分人都聽過的「六祖壇經」故事：

有一天，剛從五祖弘忍承接衣缽的六祖惠能，南行來到廣州一座名寺。在那裡他聽到兩位和尚正對著一面幡旗爭辯。一位和尚堅持著：「那是幡旗在動。」另一位和尚則反駁：「明明就是風在動。」兩人各不相讓。

這時恰好到臨的惠能開示：「既非幡動，亦非風動，而是你們的心在動。」和尚們於是頓悟。

讀者們可能會好奇，禪宗的頓悟之道，和我們每個人追求成功之道會有關聯嗎？

畢竟一個像是超脫凡塵、明心淨性的境界，凡人的我們仍想要追求成功，想達成種種人生目標。

其實這則禪宗故事很重要的一點，在於強調當站在不同的角度，一件事會有主、客觀的不同，而站在不同人的角度，也會有內心「心境」的不同。回歸到本書，如果想要獲致真正的成功，我們必須練習自我操練，而操練的關鍵，就是認清自己的心處在什麼位置，進而有更明確的下一步。

人生的基本發展模型

當我們綜合了第一部所傳授的基本信念，接著要如何落實呢？這裡讓我們畫一個簡圖：

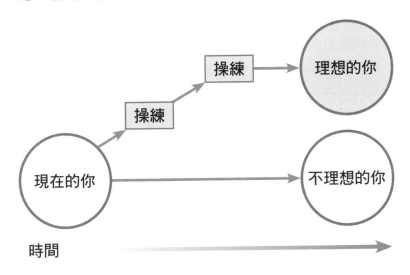

基本上，任何人從一出生後，有一件事絕不會改變的，就是圖上的那條時間線永不改變也不會等你。你學好學壞，將來出人頭地或誤入歧途，不論人生怎麼走，那條紅線就照著原本的速度一直走。

而每個站在現在這個立基點的你，就是圖上那個「現在的你」。未來走下去有千千萬萬種可能、無限多的變數，這裡只用最簡單的詮釋，也就是未來發展只有兩個可能：理想的你，

或不理想的你。簡單來說，每個人存在的價值，就是要設法達到「理想的你」。而這分成兩個基本步驟，首先要認識自己，明確自己想要的未來，再來才是調整以及自我提升。

如何認識自己？在前面第一篇的基礎信念裡，我們做了闡述。從本章開始，我們要進入調整以及自我提升，也就是所謂的「操練」。

為了讓說明更順利進行，讓我們接續前面第三章的例子。如果自己是那個在企業上班的基層員工，剛剛老闆告訴我們今晚要加班。原先表現出不平的情緒，覺得自己的權益被侵犯了，後來我們學著透過自我覺察來改變自己的心境。

或許你接著就要問：「老師，我改變心態了，我接受正向面對這個加班事件，不過日子仍一天一天過，我還是不知道該怎麼提升自己。畢竟我們不能每天都靠自我激勵上班，然後做到退休吧？」

這中間牽涉到一個很多人想問的關鍵：如果你曾想過這家公司真的不適合我，如果我必須跳槽到另一個更好的環境，才能有更好的人生，我該怎麼做？

以下就以職涯發展為切入點，逐步導入，我們該如何操練。想換工作？這份工作並不適合我？

讓我們跳脫情緒化的辯論，直接進入客觀分析。

記得嗎？幡動還是風動？答案是心在動。

這裡的解答，還是要從「心」著眼。

找到關鍵問題，不要搞錯焦點

問心，很重要。

不是有句話說「問心無愧」嗎？很多時候，同樣一件事，不同的人去做，會有不同的結果。好比說有個三歲小男孩喝完飲料，就把罐子隨手亂丟，他丟完依然開開心心的跑鬧嬉戲。而另一個成年人也是喝完飲料後隨手亂丟，此時周遭有路人看著他，這成年人不禁有些臉紅起來。

這裡無涉道德，小孩子丟罐子跟成年人丟罐子，做的是同樣的事。但成年人因為「心有所愧」所以臉紅，進而重新認知自我行為的適當性，而路人不一定在批判他，他們甚至根本就沒看到他丟罐頭，但成年人就會有「心」動的反應，不是罐子動，也不是路人動，而是他的「心」自己動。

生活中經常有這種「心」動反應改變一個人的實例，我來講一個很典型的都會上班族例子。

Robert 是個認真踏實的青年，渴望著擁有財富與自由的人生，他挑戰從事房仲業務，經常騎著機車從早到晚辛苦奔忙著，跑社區、跑銀行、貼廣告、帶看屋。在這天以前他是快樂的，他喜歡自己的工作。

直到某天晚上，他工作到很晚，剛好是颱風將至前的雨天，Robert 穿著雨衣也無法擋住強大的雨勢，全身濕透，就在等紅綠燈時，停在他旁邊的是一輛賓士車，Robert 一看，這駕駛的

年紀看來跟他差不多，在這樣大的雨天，卻能悠哉的待在開著的名車裡。……當下他的臉上已經分不清是雨水還是淚水。從那天起，Robert 的心變了，他變得自卑，質疑起自己的人生，懷疑自己工作的意義。

這裡我們可以看到，Robert 仍是原來的那個 Robert，他尚未換工作，所以他做的事也跟昨天一樣。昨天他很快樂，但今天後他卻不快樂了，這不正就是典型的「不是幡動不是風動，而是心動」的例子嗎？

回歸到前面問的問題，該不該換工作？這工作適合我嗎？答案不該問任何人，或許其他人可以用「專業」立場給出建議，那是來自他們自己的經驗與想法，不一定適用在你身上。

操練的第一步，就是練習和自己的內心對話。

要知道，我們所看到外在的一切，都是自己內在的投射，你覺得很糟，你不喜歡這家公司，不代表別人也覺得很糟。

重點是什麼原因讓你覺得很糟？就以 Robert 為例，他雨中騎車是客觀的事實，某個人開賓士車是另一個客觀的事實，如果今天是小陳或小李騎車看到同樣的景象，或許心中沒有任何感覺，但現在就是 Robert 騎車看到賓士車，內心受到衝擊了。事出必有因，我們一定要確實了解這件事背後的「因」。

Robert 絕不是因為雨中看到賓士車心情才變得不好，一定是更早之前內心就已逐漸種下因子，引發他不滿意現況的情緒，或是目前的結果未能滿足自我的渴望與需求。

　　同樣的，今天你想問這工作好不好？問問自己是否開心、快樂？如果沒有，就須探索到那個無法讓自己開心、快樂的根源。否則單問工作好不好？要不要換工作？那就是搞錯焦點。

　　這裡再舉一個例子。

　　小明剛開始學游泳，今天他去某個市立游泳池，游著游著感到不開心，老是撞到其他人，認為這裡不能讓他盡情游，於是隔天換到另一座更大的游泳池，然而他還是游不出興致。一邊抱怨游泳池太爛，一邊又想著要換場地。

　　明眼的你一定可以看出，關鍵在於他「會不會游泳」，而不是「游泳池好不好」。同理，職場轉換也因以如是觀。

基礎練習

是否有以下的情形？

1. 覺得這家公司和你不對盤，每天出門到辦公室都不開心？

2. 覺得另一半老是不能體諒你，相處時你有很多委屈？或者其他不論在工作或人際關係上的不愉快，經過本章的學習，你能否重新審視問題的根源，是你的心，還是外在問題？

自我操練：與內在小孩對話

因此，當我們生活中碰到任何問題，我們不開心了。就好比我不喜歡這個游泳池，再好比我質疑現在這個工作環境適合我嗎？

最終的評估關鍵，當然還是你「開不開心」。如果你感到開心，根本就不會問這個問題；一定是你感到不開心，才會想問這個問題。到底是公司有問題，還是我們自己本身的問題呢？

前面講過的自我覺察是很好的自我認識方式，這裡我們要更進一步深入與自己對話。

當你感到困惑，在校去找輔導老師，或者去找心理諮商老師，他們做的也是同一件事：引導你進行自我對話。

我們要設法找到深層的原因，不要被表層所局限。

Robert 為什麼會不快樂？表層原因是看到有人開車，自己卻只能騎車，因此內心感到不平，但深層的原因是什麼呢？

問問題很重要，仔細想想，我們人跟人相處之間，也都存在著表面問題與深層問題兩種層級。例如今天女友不知吃錯什麼藥，突然脾氣變很差，只是問她晚上要不要陪我去參加朋友聚會？她不去就算了，幹嘛對我發火？直到女友的老姊提醒我，原來今天是女友生日，我不規畫晚上的生日聚餐，卻在想參加朋友的聚會，怪不得她會那麼生氣。

如果連問都不問，那只會誤以為是女友耍脾氣，不好相處，久而久之，兩人的關係也就容易生變。

同樣的，你工作不開心的「深層原因」是什麼呢？這個問題也是要透過「問」的。問誰？當然是問自己。自己是誰？那就是問自己的內在小孩，也就是潛意識。

也許你以前都沒靜下來問過自己：

- 我如何看待自己？
- 我如何看待公司？
- 你可能被老闆責罵內心不高興，但不高興的原因是什麼？是因為自尊受損？還是因為自己責怪自己能力太差？或者⋯⋯

與自己內心小孩對話，要切記一件事：

內心小孩只有「感受」，沒有「對錯」。

就好比我們跟小孩子講話一般，小孩子不懂得虛偽做假，他們只知道現在很開心，或者現在很難過。

每個人都有潛意識，這個潛意識體現出真實的感受。我們害怕、我們興奮、我們有什麼情緒，潛意識代表的是「直接」與「真實」的自己。相對來說，隨著年紀逐漸增長，我們會用理智來判斷事情，這理智判斷就是意識。

舉例來說，Steven 是個工作認真的年輕人，因承接了家

族事業，擔任中小企業的老闆，他本身喜歡閱讀、散步等靜態活動。然而自從承父命接下公司後，他開始需要和不同客戶應酬，初始只是為了讓客戶們知道公司現在的負責人是他。

後來每當客戶邀約他喝酒聚餐，他都不敢拒絕，乃至於這類應酬場合已變成他的常態，即便每一次 Steven 潛意識想著，他寧願在家裡好好看書，也不想參與這種喝酒聚會。但在這類場合，他仍得表現出很盡興的樣子，久而久之，他甚至也習慣，認為為了拓展公司事業，應酬是一定要的。

像這樣因為意識主導了我們的人生，時常我們都忘了「自己真正的感受」，就好比 Steven，他應酬喝酒是為了「符合社會的期待」。我們身邊有許多人，工作是為了父母的期盼、工作是為了不輸給同班同學、工作是因為當初第一個錄取我的是這家公司，而工作卻不是「為了自己」。

如果我們很快樂，這是很好的，那就繼續打拚下去。重點是我們不快樂了，我們得練習和內在小孩對話，也就是找到潛意識裡，真正的自己。

自我對話三步驟

當事件來臨時，怎樣與內心小孩對話呢？
分成三個步驟：

1. 請教「他」是否願意與你對話。
2. 對話溝通互動。
3. 做出判斷選擇。

我們都知道，現實生活中，環境影響一個人的意志，越是文明社會越是如此。如果一切依照本性，那麼大部分的學生都想選擇不必上課，天天玩手遊就好；參加烤肉活動，也最好跟誰都不要互動，只要負責吃肉就好。然而大環境讓學子們知道，必須要上課，在團體生活中，必須要合群，參與工作分工。

處在現在的大環境下，不代表你就必須完全掩藏自我，若是一直掩藏，久了肯定會積累出內心裡的不滿。你可能比較喜歡冒險玩樂，你可以將這樣的特質轉為業務開發力，向高難度的業績目標挑戰，爭取你的成就感。如果沒找到這個內在需求，你只會困在制式工作裡，然後經常莫名其妙的不開心。

事情的根源往往不在公司，就好像你不會游泳，就不要怪游泳池不好。今天你不快樂，我們可以開始練習跟內心對話，但是對話不是自言自語，對話必須要處於自在無擾的環境裡，這樣內心才會「願意」跟你對話。如果你情緒浮躁，整個人處在情緒沸騰中，這是不可能有對話的。這個時候，你就要學著「靜心」。

關於靜心，每個人的方法不同，可以視個人興趣喜好而定，有的人喜歡花草樹木，可以做做園藝或逛公園靜心；有人

喜歡聽音樂，可以放些輕鬆的音樂來靜心。也可以簡單的打坐，或只是閉起眼睛「放空」，這裡的放空當然不是指發呆，而是回歸自己內在最單純的感覺。那時候，你不去想某某某很討厭，或老闆怎麼早上罵我這類的事，而是單純去感受，風輕輕吹拂，涼爽舒適，閉眼時聽到若有若無隱藏在冷氣嗡嗡聲後的汽車聲……等。

　　等到心真的靜下來了，就來問問自己內在小孩，有關於這樣的一個事件或情緒，願不願意跟自己溝通。當然，不是指從天上傳來神的聲音跟你講話，內在是不是願意與你溝通，你一定感受得到的。在心理輔導機構，或許諮商師或心靈導師等等用輕柔話語引導，可能透過催眠或其他交流方式來讓你深入內心，在這裡我們不談這些深入的心靈分析，我們只講的是每個人都可以做到的：與自己對話（人不會做對自己沒有好處的事情）。

- 我是否真的該換個環境了，我不太喜歡這工作。
- 到底當初什麼原因我會選擇這工作？
- 我覺得老闆真的對我不太好，我該跳槽嗎？
- 如果這樣做，對我未來的好處是什麼？
- 如果不這樣做，我會有什麼風險？

　　當深入內在的時候，就會回歸到內在真正的感受。內在小孩會告訴你，當初你不是因為喜歡電腦才進入科技產業嗎？當初你不是因為想讓爸媽知道你也可以賺錢養家，所以才來這裡

上班嗎？原來，你在忙碌生活中，早已忘了初心。這時候，在與自己內心對話時，你漸漸想起來你的人生初衷與背後真正的動機。

請記住，前面說過，潛意識是不分對錯的，他不是代表神明傳話，來告訴你「什麼該做什麼不該做」，他只是像個小孩般，傳達的是自己真正的感受。任何方面都一樣。我愛這個女孩嗎？是因為愛她的外表，其實我不喜歡她的個性？還是我真的很想一輩子都跟她在一起？

女孩子跟定一個男人，經常被家暴也逆來順受，此時也可以透過與內在對話問問自己，真的喜歡這個男人嗎？還是只是因為害怕自己孤獨沒人保護？跟他在一起是壓力沉重不開心，還是一種包容與願意守護著他？如果有一天他沒有汽車洋房，你還願意跟他在一起嗎？

許多問題都只要透過與內在小孩對話，而內在小孩或許不會給你「正確」答案，不過好消息是，一定會給你一個方向，讓你知道怎樣的事是快樂的，怎樣是違背心意的。

而透過與內在小孩對話，我們與自己溝通過程中，如同《零極限》一書所說的，有四個咒語要經常性的用到，那就是：

- 謝謝你。
- 對不起。
- 請原諒我。
- 我愛你。

你可能會納悶，這簡單的四句話為何是咒語，這不是平常的社交辭令嗎？然而當我們一邊說出這四句話，一邊用心感受，其實就是一種讓內心歸「零」的狀態，回復謙卑，回復對人與人間關係的真心感受，其影響力甚至可以說是神奇的。

一個人最怕的就是當個縮頭烏龜，碰到事情故意用忙碌來逃避，明明不快樂，卻又裝作反正日子可以照過。

當我們願意面對自己，願意與自己對話，那麼就可以用比較清楚的思維，來做下一步決定。

要不要換工作？在這裡上班好嗎？

與內在小孩對話的結果，你不是想存錢將來自己開店嗎？你不是要累積經驗嗎？現在的你存夠錢了嗎？工作碰到困難被老闆罵，不正好符合你想累積經驗的初衷嗎？想著想著，你終於明白了。

我將來可能要換工作，前提是我把這份工作做到令人滿意，我不怕老闆罵我，怕的是自己還沒能達到滿足自己的標準。現在我知道了，我願意接受這份工作，等我達到某種實力，自然就是我換工作的時候到了。

另外，一個人如果「一定要」處在某個環境，例如你好不容易考上某個國營企業，一開始你會覺得跟這裡文化有些格格不入，但你也不想動不動就換工作。這種情況下，你就得改變自己。如果你後來某個人生階段想要「換環境」，前提也是當時你已經徹底改變自己了，變得更好、更有適應力、更加有實

力等等。就好比會游泳的人，去哪個游泳池都能如魚得水般的道理，而透過自我對話，可以認識更「真」的自己，也才能調整自己。

與自己對話，也是具體操練的第一步驟。

基礎練習

從今天開始，練習做自我對話：

1. 首先找一個適當的場合（初階練習，若你有個人臥房，也可以在自己的房間做練習）。

2. 深呼吸，放鬆的讓心保持寧靜，感受在這空間的感覺（如，聲音大小、身體感受的溫度……）。

3. 開始和自己內在對話，將這陣子困擾你已久的問題，或職涯問題或感情問題或情緒問題等等，真心提出來，問問自己內在的聲音，並且一起探索來滿足願意負責的行動或想法。

4. 在對話的過程，是否出現什麼阻礙？或者一直無法進入狀況？

請將問題寫下來，也可以和我聯繫，做諮詢與交流。

第五章
帶領自己的心和宇宙下訂單

幾千年前，亞聖孟子就曾說過：「老吾老以及人之老，幼吾幼以及人之幼。」世世代代傳承，這也是現代社會人與人相處的一個高標準，特別是公益慈善團體的背後經營理念。然而，這裡有個一般常被忽略的意義，那就是「背後的承諾」。

仁愛是種偉大的精神，並且這愛是親疏有別的，先要愛自己，顧好自己，才可以照顧家人，家人都照顧得了，也要照顧更多的人，最終是大愛的境界。所謂愛，其實就是一種「責任」。

如同前面提到的旅行團例子，在最初安排小組時，領隊有交代，大家要先認識彼此，關心小組成員。結果上完生態課準備正式出發探勘前，先休息十分鐘讓大家上廁所，但時間到了要出發時，仍有些人沒到，問問同組其他人，他們卻一問三不知。

「不是曾許下承諾要照顧好同組夥伴嗎？結果連夥伴為何還沒出現都不知道？」

試想，今天如果是你爸媽約好要到，後來沒出現，當下的感覺是如何呢？自己的小孩約好九點半出現，結果時間過了也仍沒出現，你是不是會感到擔心？

為什麼對家人會感到擔心，對夥伴卻漠不關心？這就是你「承諾的範圍」沒有普及到他們，你只對身邊的人負有限的責任。

一個人人生的成敗，與他的格局有關，願意做大承諾的人，可以成大事；不願意承諾的，連對自己都不負責，就難以成事了。

承諾與溝通

以「操練」這個主題來說，有些事可以自己改變，有些事就必須適當給自己壓力。通常透過團體培訓的方式，會有老師現場指導，現在即便是自己一個人，也可以透過本書傳遞的方法，設法提升自己。

前面我們做的第一步操練是「與自己對話」，接著我們來操練「自我承諾」。

先來談談一個人為什麼會違反承諾？如果一個人永遠都不把承諾當一回事，那麼許再多承諾都沒有意義。

在第二章我們曾介紹「自我承諾」的重要性，本章要帶領我們真正的用自我承諾來改變人生。

首先，承諾必須心甘情願且具體可行的，因此前一章我們學習與自己對話。

你一定要先了解自己的初衷，這樣的承諾才有意義。你不是因為怕別人不高興才許下承諾，你也不是因為大家都崇拜有錢人，因此承諾自己要變成有錢人。

一個「真心」的承諾，才會帶給你力量。

好比你承諾要保護家人一輩子，今天自己的妻子沒有在約定時間內出現，你一定就會想方設法打電話找她，妻子沒接就打去娘家，娘家沒接就打給她好友，絕對不會想：「反正我盡力了，我打過電話了，她不見了不干我的事。」

如果現在不是「自己家人不見了」這類的事，轉化為自己目標今年要存到 300 萬元，但後來連 100 萬元都存不到，你會有壓力嗎？還是也是認為沒什麼大不了？內在的感受如何？

其實不用等到十二月，或許每三個月又或許一個月時，發現自己目標達成率連 30％ 不到，就可以做一些調整才對。若一點都不擔心，這件事完全不構成壓力，有沒有可能就是根本不在乎這件事？

要先願意遵守承諾，再來談為何無法達成承諾。

例如，有個全國性比賽即將舉行，結果選手在未參賽前，因為看到競爭對手都很強，於是根本就不打算比賽，直接放棄，也就是根本沒有打算遵守承諾。在此之後，這個選手再來分析比賽種種的問題，例如某某選手太強、某個場地限制太多……等等，這些都是無意義的，因為他根本就沒有參與。唯有當真正參賽，真正遵守承諾，真正面去對競爭者，真正去挑戰困難，後來就算失敗了也雖敗猶榮。當這樣的時候，他也才能具體的去分析為何失敗了？下回該如何才能奪標？該如何加強訓練……等等。

應用在工作上，也是你必須要先設定目標，然後全力以赴，然後再來發現改善的點。也許銷售成績不佳，你會發現因為競爭品牌的行銷力道較強，那我們該如何因應呢？當下我們發現自己的極限，這時候別忘了，你還有很多資源可以應用，包括你的主管、資深前輩，甚至其他同行，都是可以請教的對

象。所以這就需要溝通，多數人只想「掌控自己可以控制的」，因為這比較簡單，若還得跟別人溝通合作，就覺得很麻煩。往往許多承諾，就因此達不到。

與人溝通，這是一種習慣，必須從平常就建立。

生活中常見的例子，與別人約見面快遲到了，很多人的做法就是拚命趕路，最終還是遲到十分鐘，他可能表現得氣喘吁吁的樣子搏取同情，但不改他遲到這個事實。這樣其實是不負責任的，或許在發現自己可能趕不上的時候，趕快去電或至少透過簡訊或 LINE 告知出門晚了或剛剛碰到大塞車，會晚個十分鐘。這樣子對方至少心中有個底，也不用擔心你的安危。

但就算這麼簡單的事，很多人還是沒有這個「習慣」，覺得溝通好麻煩，反正我已經在路上了。

課堂上，我會有種種規矩要每位學員承諾，確保能共同遵守。例如規定不能交談、手機必須關機或靜音、不能喝水、不能隨意走動……等等，但就算再怎麼規定，不免還是有人違反規矩。對此我會用具體行動，也就是讓課程暫停，同時不指名道姓，讓所有學員共同看待這件事。並且要告知大家，因為有人違反承諾，所以妨礙整個課程的進行。

其實凡事都可以溝通，例如有人要喝水，因為他這段時間醫師交代一定要吃藥。這件事可不可請示組長或老師呢？絕對可以，與其偷偷摸摸的喝水，最後還是被發覺，誠實溝通才是最佳的做法。以本例來看，因為自己怕麻煩或已養成的習慣以

為是小事，最終影響的卻是整個團隊，這樣的事例，在生活各層面都是一樣。

為自己制約

承諾可以有各種形式，小從人際間的客套，說改天請你吃飯，大到戰場上歃血為盟，這些都是承諾。來到了操練的這個階段，我們要把承諾升級，變成一個更具體的意象，那就是「制約（自約）」。

我期待每個人在與自己對話、認識自己、願意設定目標採取行動的過程中，不要讓這一切成為「空談」，這就需要為自己制約，跟自己做好約定。

我們可以想想，這世界上有許多的約定，後來為何失效呢？別的不說，離婚率很高這件事，就是一種自約失效，明明當初海誓山盟的，為何卻有始無終？至於商場上說話不算話、公然違約，甚至背信忘義、捲款潛逃者，這類事所在多有。

不是自約不值錢，而是自約的基礎不穩。各位一定要記住，為自己所訂下的約定重點不是文字的約束，而是將內心的許諾或渴望的特質真正彰顯出來。

所以夫妻表面上是為了愛情結婚，但實際上是看中對方的財產或美貌，那樣的自約就不是基於內心「真正的許諾」。而

商場上，簽約的雙方如果內心真正在乎的是「利益」而非「信義」，那麼當有一天利益大到內心可能承受不了的誘惑時，為了錢而違約或盜用公款等事件發生，就一點也不奇怪了。

所以，任何人要許下自約，還是要找出自己內心真正的承諾。而回歸到我們每個人在追求生命目標時，為何經常力不從心，因為就算有了自約，這自約的基石也不穩。

所以我們與其寫一張漂亮動聽的自約，不如先找到自約的基石。

自約有分很多種，例如我發誓要在 50 歲錢賺到 1 億元是一種，這是屬於目標導向的。但本章要強調的是另一種，也就是屬於個人價值的自約。這毋寧是更有影響力的，舉例：「我是個守信用、我是個有愛的人」，這就屬於個人價值的自約。

讓我們先從找出自己的價值著手吧！

參考的形式：

「我是一個……的人」

而這個自約，要由自己的設定。

這件事非常重要，許多人過往從未想過這個問題，因此一生雖忙碌操勞，但老是覺得像個無根的浮萍。因為他總是無法對人說出，自己是怎樣的人，缺少或渴望這方面的自我自約。

個人特質需要自己去發現，有人說，我是個有愛的人，有人說，我是個勇敢的人。當你對自己立下了自約，你清楚認知到自己就是這樣的人。從今爾後在人生的路上，不管遇到再多

打擊，例如你碰到老闆交付的困難任務，例如你投資失利賠了一筆錢，你不會因此感到挫敗失落，因為你有了自約在身，你無時無刻可以說出：「我是一個勇敢的人，我知道下一步可以怎麼做。」

下面，讓我們試著來找出自己曾經擁有或渴望的特質。

找出你的自約及守護你的終身力量

以下列出幾個參考特質，你可以想想，哪些是屬於你所擁有的？

熱情	專注	同理心	自信
積極	有活力	有擔當	勇敢
有擔當	有行動力	有愛	謹慎
有毅力	堅持	使命感	付出
果斷	冒險	善體人意	有影響力
有耐心	有誠信	正直	負責任
溫柔	有領導力	細心	樂觀

這裡列出的只是參考，若有上面沒列到的特質，你也可以自己填上去。

前面曾介紹過心錨，以上這些你可以**擁有**的特質，在關鍵時刻也是一種心錨。例如每當你碰到困難，正想要放棄時，就要提醒自己，我是個勇敢有毅力的人。

而這所謂自約講的是既成事實，還是你所追求的境界呢？有可能你本來就是勇敢的人，或者你想讓自己成為勇敢的人，這都不影響效力。不論是現在進行式或是未來式，既然你列入自約，就表示這件事很重要，自約就是告訴你，你要帶著這樣的特質朝所欲的目標前進。

過程中，我們可以透過公開承諾，加強這個自約的力量。當你公開宣示，我是個勇敢的人，那印象是很深刻，足以陪自己一輩子的。同時也可以藉由將自約貼在能經常提醒自己的地方，或者告訴自己最身邊的好的朋友，來強化自己的自約。

前面我們列出這麼多的選項，可以分兩個步驟，來制定出專屬自己的自約。

1. 選出最符合你的五項特質，當你一項一項挑選的過程中，你也已經勾勒出你過去或期待自己的形象。

2. 再從這五項特質中，選出最能清楚展現你這個人，或者你最想要達到的境界，選出三個。

這個過程其實也是個自我省思的過程，同時你也可以發現，我其實是有毅力的，我天天充滿熱情。一個一個檢視及刪除後，剩下的那三個，肯定是絕對可以和你「畫等號」的三個，

可以是同時擁有一個（或一個以上）的特質。

舉例：我，張小美，是個溫柔、勇敢、肯付出的女人。

當這樣的自約，對自己的承諾，透過自我操練時時砥礪自己時，那會是個強大的力量。

在二次大戰期間，曾經有許多猶太人被關在集中營，過著生不如死的日子，數百萬人死亡，然而還是有不少人撐過那些不可思議的煎熬。在他們心中燃燒著的動力，就是一種自約，是他們對自己的信任，也包含了他們對家人對朋友的承諾。

有了自約，就可以讓一個人經歷挑戰，更別說是設定目標，並努力達成目標了。在追求成功的操練中，自約是重要的基本功。

基礎練習

請寫下你的自約（你也可以正式一點，另外拿張紙寫下來，貼在你的房間）

格式：

我＿＿＿＿＿＿是個＿＿＿＿＿＿＿＿＿＿＿＿＿＿的人

（包含三個正面特質，可以參考本章的表格）

一開始建議以一個專屬的特質開始操練起，日後是可以複選並且同時擁有去運用的。

有了自我價值，才可以向宇宙下訂單

有人一直鬱鬱寡歡，找不到自己存在的價值；有人總覺得自己只配當觀眾，那些功成名就和自己無關。但當我們透過自我覺察，透過找到自己的價值，才會發現自己其實擁有很重要的特質。

有人覺得自己很平凡，後來仔細審視，發現自己非常愛家，而子女也認為身為父親的你是個值得信賴的人；有人覺得自己看不到未來，但後來發現其實其他部門的人都認為你做事認真踏實，他們覺得你是個值得信賴的人，就算把存摺交給你，也不擔心被私吞。

當找到自我價值後，那種發現其實是一種感動。

或許你會問，為何自己擁有這些特質，以前卻沒特別注意到呢？那是因為大家有一種習慣，也就是當發生事情時，才會想要探討原因。而這樣的探討找出的往往是負面的。例如：我就是做事太不小心，才會犯下這樣的錯；我就是腦子少根筋，才會這樣丟三落四，帶給朋友困擾等等。

卻很少人去探索自己的正面價值，更少人認同自己存在的重要性。如果一個人不夠認同自己，當然就少了強烈追求成功的動機。畢竟，相信自己，也是成功的要件。

說到這裡，就要提到一個坊間對追求成功很大的迷思，有一本風靡世界各國的暢銷書，叫做《祕密》，書中講的是心中

具備一個強大的信念，就可以向宇宙下訂單。但往往很多人發現，他們有向宇宙下訂單了，向宇宙表示自己要賺大錢、要成就大事業，然而宇宙卻沒能實現他們的願望。

為什麼會這樣呢？

因為只有具備「真誠」、「強烈」的信念能量，才有機會「隨心所欲」，如果一個人一方面說著想賺大錢，但內心裡卻又感到自我質疑，那就會帶來自我矛盾，造成停滯不前。

我相信「信念」是真實的，是力量強大的。

有一回我去臺北開會，因為臨出門前有事耽擱了一會兒，因此時間變得有點急迫。眼見時間就快到了，當下我真的不能再花費太多時間找停車位了，我內心也一直說著：「拜託讓我找到停車位，今天這場會議很重要，將要讓更多人的生命更不一樣，我需要一個車位。」結果很神奇的，我竟然就在會面的公司對面找到一個收費停車格。相對來說，平日沒那麼迫切需要，只覺停車位很難找，內心開始急躁，當這樣的時候，就經常找不到停車位，也讓自己情緒煩躁。

所以，向宇宙下訂單的前提，就是你要有「發自內心」的渴望，而過往的你，因為沒有真正靜下來省思自己，所以並不真的擁有這種內心力量。換句話說，你可能自己都不相信自己，那怎麼可能去說服宇宙呢？

也許談宇宙、論內心，看起來很不科學。但以實務上來說，一個想追求成功的人，真的必須要探索自己，並了解自

己具備什麼特質，以及「為何你有資格成功？」當你可以這樣說服自己，並成為自約中的你。

那麼，曾經以為不可能的，都將成為可能。

追求目標的四個準則

最後，如何自我操練？讓我們結合前面所說的自我對話以及、自我價值自約，以及最終的設定目標。如此，從我們現在的位置，到通往設定的目標間，就有一個具體的指引。

過程中有四個重要守則：

一、真誠的和宇宙下訂單

設定目標了，明確希望自己在某年某月前，可以賺到5,000萬元。目標明確，內心的信念也明確，這樣結合起來的力量是強大的。

以我自己為例，我長久以來都有記筆記的習慣。也會在筆記本寫下我的年度願望。今年我有一天翻閱去年的筆記本，看到當時設定的條列式目標，很神奇地，那些目標（帶全家人旅遊、學一項技能（中餐烹調）、開新課程、出新書……），如今看起來全部都已完成，屢試不爽。

因為我當時許下的承諾，也認知到那是我想要的，身體力

行，就自然而然可完成。

　　而以我來說，我想要賺錢的背後動機，也非常的明確，我不是為了「有錢人」這種虛名而想賺錢，我想賺錢的背後是有故事的。

　　2003 年全家做完健康檢查後的第七天，凌晨，我父親因左腦腦栓塞送醫院急診，醫生判定腦中風，臥床的十六年，媽媽不離不棄，全心隨側的照顧……，我後悔當時沒能強迫的帶他去做身體檢查，更後悔我無力讓父親接受更好的治療與照護，出書前他已離開我們了。

　　如今，我立誓要讓自己經濟無虞，將來可以守護家人健康。就是用這麼強大的信念下訂單，因此真的讓自己能自在地隨心所欲，包含業績上的目標，包含我承諾要帶全家人旅行，包含演講、課程的場次……等等，統統都達成了。

　　同理，我也要和各位分享，假定你今天的願望是擁有一輛名車，那麼你向宇宙下訂單時不是只說我要一輛名車，你還必須有強大的動機。可能你從小就強烈憧憬開名車的感覺，可能你想要提升自己，藉以激勵你的夥伴。無論是何者，只要動機是真誠是強烈的，你想達成的目標就比較容易實現。

二、不要讓環境影響改變你的心願

　　環境是客觀的，不因你的喜歡或討厭而改變，但太多人卻讓自己受環境影響宰制。許多時候，一個人讓自己投入的，可

能只是社會上的流行，例如瘋寶可夢或參加一窩蜂式的野外露營潮。仔細想想，那些不一定是自己當下真正喜歡或符合自己特質的活動。當我們找到自己的特質，設下屬於自己目標，也找到自己背後的動機後，會發現有可能敵人不是來自競爭者或任何對立方。

例如當你跟家人分享一個好的投資計畫，家人可能會告訴你：「做人不要好高騖遠啦！不要去冒那種險。」當你想換工作，去挑戰高業績的行業時，朋友就要你三思，不要到時候兩頭落空。

他們愛你有多深，潑你的水就有多冷，並且這些人可能是你必須朝夕相處的家人或朋友。對於意志不堅定的人，被潑幾次冷水，就會放棄自己原本的夢想。因此一旦你立好自約，也訂好目標，就要遵守承諾去落實，不找任何藉口。也不要因此跟家人朋友反目，重點還是溝通、溝通再溝通，要知道，那些反對你的人，有可能是要保護你，後來他們發現，你的事業持續有好的發展，他們就會成為你最大的支持力量。

三、要懂得適時的求救

人非萬能，事實上，大部分人也都知道自己能力有限度。但問題是，太多人就是寧願守住面子，也不願意多透過求救、詢問得以解惑或提升工作效率。

實際的案例，我經常在企業裡，無意間看到某個年輕後

輩可能耗了一整天滿臉焦慮的上網再找答案，你不經意的問一聲，你在找什麼？那個年輕人才訕訕的回答他在查某個資訊。然後當告訴他，根本不用找，這個資料公司已經有建檔，只要上去看，就有充足的數據。

　　大部分的環境，包括各個職場，其實是鼓勵大家可以發問的，然而實際上，大多數人的習慣，從頭到尾寧願自己埋著頭毫無頭緒的亂闖，也不願意靠著求援的方式找答案。

　　任何人在任何的環境中，只要肯發問，不管是任何問題，只要問了，就會有下一步的進展或選擇，進而獲得自己要的解答。世間許多事也是如此，許多時候我們感覺就像走在迷霧的森林中，困頓且毫無方向的亂走。不願意主動發問，持續讓自己像被蒙蔽雙眼般，無助地摸索。

　　如果願意開口，例如年輕人可以請教成功企業家前輩；他們的一個指引或分享，或許可以減少十幾二十年的冤枉路，時間不會為你暫停，何苦浪費時間在逞強摸索呢？

　　而對於各自走在自己人生路上的朋友們來說，一旦設定了目標，請注意，並沒有規定你只能「一個人完成」。你想在 50 歲賺到 5,000 萬元，這 5,000 萬元不論是靠投資、靠創業，總是要找到對的人幫忙，而非自己閉門造車。

　　一個認清自我的人，可以是個願意與人溝通的人，該溝通的就溝通，事半功倍達到成功。

四、要懂得感恩

最後，在通往成功的路上，不可或缺的一件事，就是要懂得感恩。

這裡的感恩指的不是客套性的謝謝，而是真的內心的感恩，衷心想著：「我今天可以達成任務，感恩有這些生命導師、感恩有好的團隊、感恩有家人的支持、感恩不同的階段有不同的人伸出援手，感謝身邊的所有。」

感恩的力量是很大的，我相信每個人都具備能量，而一個心存感恩的人，就可以用愛讓這些能量和自己的能量彙整，變得非常強大。我們可以看見，那些締造世界級無與倫比成就的人，總是結合對眾人的感恩與愛，例如德蕾莎修女，例如晚年積極投入公益的比爾蓋茲。

其實，宇宙萬物都不屬於我，卻都願意幫助我，單單這件事我們就要非常的感恩。成功非一蹴可幾，在過程中，當大家發現你是懂得感恩的人，也會因此更願意在關鍵時刻拉你一把。有人說愛是世間最大的力量，講的正是這種因感恩而連結的力量。

下一章，就讓我們具體的分別從工作、家庭與人際關係三個面向，來談更進階的成功操練。

基礎練習

這裡，讓我們試著向宇宙下訂單。

原本，其實在心裡真誠的許下心願就好，但為了加強練習，這裡我們用寫的方式，記錄你的訂單。

1. 下訂單：

我＿＿＿＿＿＿在此宣告，我要在＿＿年＿＿月＿＿日＿＿時＿＿分達成以下的目標：

（1）

（2）

（3）

2. 過往以來，我是否也曾許過類似的願望，但為何沒實現？是因為不夠專心，不夠虔誠（全心全意投入這個思維），還是因為被別人潑冷水，影響自信？今天起，我是否可以更有信心的向宇宙下訂單？

3. 最後也別忘了要心存感恩。

第六章
幸福的自我操練

《愛麗絲夢遊仙境》是伴隨著很多人成長的經典童話，其中許多的寓意，其實不只青少年，任何人在人生不同階段回頭細讀，都會有新的啟發。

我個人印象深刻的一個橋段，大意是當愛麗絲來到森林裡迷了路，正茫然不知自己何去何從。這時候遇到一隻兔子，她趕忙向前和兔子問路：「兔子兔子，我現在人在哪裡啊？」

兔子回過頭問愛麗絲：「小妹妹，妳要去哪裡呢？」

愛麗絲說：「我也不知道我要去哪裡。」

兔子回頭就走。愛麗絲說：「等等！你還沒回答我啊！」

兔子回頭看著愛麗絲說：「如果妳不知道妳自己要去哪裡，那妳現在人在哪裡，一點都不重要。」

各位朋友，你知道你將要去哪裡嗎？其實這是個一輩子都值得深思的問題。但在這裡，我們先不要把問題擴大到人生意義這麼大的層次，只問問自己，我閱讀這本書，開始做自我修練，我想要達到什麼境界？那麼本書指引你的，就是人人一生都可以投入的自我操練，包含幸福、財富與人際關係。

界定何謂三大自我操練

關於人生的三大自我操練，我們要有兩個基本認知：

一、三個目標都很重要，缺一不可

我們可以見到身邊同事朋友們，最常犯的錯誤之一就是人生太過偏重一個面向，通常都是太過偏重事業工作（或金錢），諷刺的是，並不是主力偏重財富的人就一定代表他們事業很有成就或可以賺很多錢。很多時候結果是比較悲慘的，也就是一個人可能每天投入大把時間在工作或事業上，結果收入不如預期，然而卻因為工作犧牲健康以及家庭幸福。

提起健康，這裡要附帶說明的，健康雖然不是人生三大自我操練項目，但這並不代表健康不重要，相反的，健康是一個人存在的基本要件，也是每個人應該最起碼對自己的健康盡到的責任。健康不是操練項目，因為每個人都要「百分百」重視

自己健康。

　　相對來說，家庭幸福被列為三大自我操練項目之一，可能會讓你感到好奇，「家庭」有什麼好操練的？但事實證明，家庭是需要經營的，並且如同事業（工作）與人際關係般，和諧的家庭與良好的人際關係，將有助於事業拓展和財富累積。

二、三大目標都很重要，依據每人適性發展

　　如何操練三大目標，該依照什麼順序？答案是沒有什麼順序，三件事都得「同時並進」。

　　而所謂自我操練，最終要達到什麼境界呢？雖然我們把金錢和事業放在一起，這只是一個方便的量化衡量標準，例如有人說期望業績攀登高峰，並且在退休時可以有至少 5,000 萬元的儲蓄，這個數字適合當作評估標準。

　　如果不把金錢放入人生目標，那麼有很多事就變得比較抽象，例如想成就大事業、想擁有幸福人生等等，沒有數字將目標具體化或量化，就較難以展現。

　　儘管金錢很重要，卻絕對不是幸福與成就的最終衡量標準。事實上，若有人自我操練的目標是退休後儲蓄有 5,000 萬元，那「5,000 萬」絕非最後答案，而必須繼續追問，為何要擁有 5,000 萬元？有了 5,000 萬元，是為了想擁有怎樣的生活？

　　而這世上也沒有所謂「最好的境界」，例如某甲 65 歲退休存了 1 億元，某乙退休只存了 1,000 萬元，這代表某甲比某

乙「成功」嗎？並不是這樣計算的，所以說金錢不是最終衡量的標準。

好比第一章提過有一對做資源回收的老夫婦，他們收入不多卻願意捐百萬元給孤兒，他們的人生感到很幸福，人格也受人敬重，而那絕非存1億元或5,000萬元這類數字可以衡量的。

到底我們該如何界定自我操練的方向與目標呢？事實上，我們就是愛麗絲，不能一直說：「我也不知道該去哪裡？」接下來就讓我們一起來確認自己如何界定自我操練的目標。

關於人間的不可預知

要談方向及目標界定，就要談到價值觀，要談價值觀，就讓我們從「不可預知」開始。

什麼是「不可預知」？如果我現在可以告訴你，下一秒會發生什麼事，那都是常態的事。好比午休時間，外頭大馬路會湧出許多的人潮；捷運到站了，車廂門在「嗶！」聲響後就會打開，這些都是「生活日常」。少了生活日常，你我可能就會時時處在緊張狀態中，對未來充滿恐懼。

生活中總是會有不可預知的事發生，以小範圍來說，發生「非常態」事件就是不可預知的一種展現，例如捷運車廂門總是到站後理所當然地打開，當如果某天到站了門卻不開，大家

困在車廂裡，有沒有可能開始煩躁不安、恐懼、躁動？事實上這種事也會發生。當非常態事件影響到更大層面，例如你今天計畫交出一份報告，否則爭取不到某個客戶，可是人算不如天算，無預警的，整個街區不明原因大停電，你根本無法使用電腦，所有的計畫都泡湯了。

「不可預知」會讓一個人不知所措。

這裡要談的「不可預知」影響力更大。有沒有看過一些影片？某個人正在臺上意氣風發的演講，突然間毫無徵兆地，演講者突然手按自己心窩，一臉痛苦狀，幾秒內就倒地昏厥，很短的時間內就離開人世，死因是心肌梗塞。

這只是不可預知的一個例子，包含生老病死及世間的種種狀況，今天遇到什麼人？碰到什麼事？都可能改變你的人生。

當然這裡不談哲學，我們關注的兩件事：

1. 你過往有沒有關注過不可預知，所發生的結果這件事與你的關係？

2. 若碰到種種完全沒料到的狀況，你的選擇是什麼？

如果以前你從沒想過，那麼現在你可以練習想像一下。假定你跟女友爭吵，為了今晚要看哪部電影而鬧得不愉快，甚至已經陷入了冷戰。假如人生畫面快轉，在不可知的未來某個點，女友在赴約途中發生意外，你今天還會跟她吵架嗎？

有人說，問題就在於「我們永遠不知道未來」。是的，不可預知也就是坊間所謂的「無常」，就是超乎我們常態可以預

知或理解的。我們的確無法預知未來，或許可以認真想想，當某種未來發生了，你會怎麼處理。想想：

1. 如果某個你珍愛的親人，短暫未來內即將消失了，你現在會可以做什麼？

2. 如果不是別人消失，而是你自己本身即將消失了，你現在會做什麼？

每個人都是如此，當事不關己的時候，比較會存著看熱鬧的心情，但如果發現消失的主角就是你自己或家人，你就不得不嚴肅省思了。這真的是很嚴肅的事，如果你平常總是認為爸媽好嘮叨，你想離他們越遠越好，但若真的再也看不到他們了，你又該如何？

這裡也必須告訴你的，這些都不只是「如果」，而是人生實相，這也就是「生命中的不可預知」，包含你最愛的父母、配偶、孩子、兄弟姊妹、好哥兒們、救命恩人……他們一個個都將會退出你的人生舞臺，也許是以死亡的方式，也許是以遠行的方式。總之，那個你曾經投入很多關愛、戀戀不捨的人，終有一天會離你而去。反過來說，也可能是你離大家而去。

明天和意外哪一個會先發生？無法預料。如果假定還在青春正盛年紀，突然你必須與世人告別，那時候你心中會想些什麼？最大的後悔遺憾會是什麼？

平常大家都忙碌，沒有任何人會去認真想這些問題，因為總有事情要忙。當媽媽牽掛著你便當帶了沒？你只會想著上課

快遲到了，別嘮叨了，真煩！

當自己的妻子穿著居家服買菜回家，你可能想著，怎麼那麼老土，我總覺得別人家的妻子比較漂亮。

可是一夕間，舉個極端的例子好了，彗星撞地球，幾秒你所存在的世界就將毀滅。什麼事業成就、銀行存款、下個月的旅行計畫……統統都失去意義。當那樣的時候，你心中會閃現什麼念頭？

價值選擇的重要

好在這都只是想像，都只是假設情況。好消息是，此時此刻，陪伴在身邊的重要親人和自己，可以享受的閱讀這本書，這就是有關「不可預知」的思考。

在做任何的自我操練前，每個人一定要先了解不可預知的真諦。否則那就像是當走得太遠時，才發現忘記把重要東西帶出來的概念。

生命的不可預知，引領我們思考的就是人生價值：

- 如果你和家人只剩一天可以相處，你還會工作到那麼晚嗎？還會那樣對家人吼叫嗎？

- 如果今天是你人生的最後一天，你還會選擇加班不回家嗎？在你的日記本裡，你想留下什麼生命啟示？

擁有了以上的認知，再來規畫人生藍圖，建立操練的目標，結果就會不一樣。

前面提到，若退休想要存 5,000 萬元，你知道那 5,000 萬元搭配的情境是什麼嗎？是你稱霸競爭市場，身邊圍繞著崇拜你的人，但自己的家人卻已經有一個月沒見面，更沒一起同桌吃頓飯了。你想要的結果是這樣嗎？又或者你要的是什麼？你期盼經常陪伴爸爸、媽媽，每兩個月帶他們出國一趟，若沒有事業搭配，你怎麼有錢帶他們出國玩？所以說，三個人生自我操練都是並進的，都是要放在一起思考的。

這中間牽涉到價值觀與如何選擇，當價值觀、現實與夢想衝突時，你該如何做選擇？

- 對你來說，穩定安全是最重要的價值，有沒有可能要犧牲掉創業的夢想，改用其他方式來自我操練？

- 對你來說，妻子是無可取代的一生伴侶，你要終身陪伴她，有沒有可能要放棄那種工作時間很不穩定的業務工作，選擇其他的模式？

許多人都說想要賺大錢，但背後少了足以支撐他的信念與價值觀。許多人加入傳直銷產業，但背後的動機不夠強烈。一個人可能看到其他人賺錢很容易，所以心生羨慕，也想來「做做看」；另一個人可能是仔細思考自己想要的生活，他想要既可以陪伴家人，又帶給他們好的生活，如果傳統上班族模式無法達到，他想到的唯一選擇就是調整生活上的休息時間投入傳

直銷，也就是所謂的「辛苦一陣子，不要辛苦一輩子」。

　　兩個人同樣都是投入傳直銷產業，你認為誰的動機比較強？誰又比較可能堅持面對挑戰，直到成功為止呢？這就是思考價值的重要。當我們明確許下自約，也清楚自己想要追求什麼，那麼就讓我們開始帶著自約，進入自我操練的實戰部分。

基礎練習

許下心願，我今天起要認真過好我的人生：

1. 對你身邊真愛的人，你有什麼計畫？

有愛就要及時表達，不要等到「哪一天有空」了。

請寫下你預計今天或最遲明天，你想要的做法：

（1）對父母的感恩。

（2）對親密愛人的感恩。

（3）向那些有恩於你的人表達感恩。

（4）其他你想要表達關懷或愛的對象。

2. 生命的不可預知

試著想想，假定今天是你在地球上最後一天，你有什麼未完成的遺憾？

（好啦！後來你知道，一切都是誤會，你還可以活很久，那你計畫明天怎麼度過，你還會讓美好的事物蹉跎嗎？）

第三篇　心心相印

自我操練實戰篇

其實那些看似毫無緣由的勞力折騰，
原來都是在扎穩基本功。

第七章
改變一點點，幸福多更多

有一個青年，慕名少林寺的武功威名，於是拋下手中的工作，並賣掉部分家產，負笈上山拜師，企盼可以練就一身高強武藝，日後行走江湖，行俠仗義，好歹不負好男兒俠名。

然而自上山以來，粗茶淡飯，每天都吃不飽，還要早晚勞動，這些他都可以忍，但他不太能諒解的是，虔敬投入師門已超過一年，師父至今卻連一招半式都沒教他，每天只是掃地，並且嚴格要求地上不能看見一片落葉；要進入深山打水，並且規定不准打翻；還得經常攀越奇巖峻崖於山嶺拔菇，以及總有抬不完的石頭，稍有不合師父及師兄意，就得被罰半蹲，一蹲就要幾個時辰。

終於青年覺得受不了了，認為根本就是被騙來山上做義務勞工，因此憤而下山。當他重回民間想找工作時，卻覺得世界怎麼不一樣了？怎麼大家走路都慢吞吞的？路上看到有臺牛車載物傾倒，他一扶一送把貨物丟回車上，卻看到大家睜大眼睛，好像看到什麼神蹟似的。還有地方上老愛欺負人的混混想來惹事，只被他隨便一推就撞壁骨折。這時青年才恍然大悟，他以為都沒有學到武功，其實在山上那些看似毫無緣由的勞力折騰，原來都是在扎穩基本功。

很多時候，我們做各種學習，會覺得怎麼都是在聽理論？然而，如果一個人不打好基礎就去學功夫，那只是空有其形，內裡卻依然草包。就好比在金庸的武俠世界裡，一個完全沒內力的凡人拿到了絕世寶刀一樣，就算手中有降龍十八掌掌法、打狗棒法等全套武功祕笈，「技術」再多也無法發揮功力，因為根本沒實力。

期盼前面六章的學習，已經為大家奠定一定的基本實力。我常常說，這世上有各行各業，醫、農、商、工各有不同的技藝，且都還不斷的晉升造詣。老師就算窮盡一生也無法傳授百工各業的本事，可是基礎功卻是一理通，萬事通。

從本章開始，讓我們會進入追求成功的實戰面。

調整自己的人生溫度計

為何本章一開頭舉一個類似武俠小說的橋段當引言呢？因為人生成長也有異曲同工之妙。

一個人要立定目標、建立承諾，甚至許下自約，這些只要有決心，任何人都做得到。但是一個人立下自約，是可以讓自己在碰到挫折挑戰時，比別人有著更大的抗壓性，人生不只守成，人生還需要積極進取，追求不斷的新突破、新境界。

講到突破，就要談到溫度計。大家都知道，透過溫度計，

可以讓我們知道現在氣溫是多少。基本上，一個城市的溫度總在一個範圍內，春夏秋冬起起伏伏，但年復一年都在一定的範疇內，事實上，人類的生存就有賴於地球總在某個安全的溫度內，當溫度長期爆表，不論過冷或過熱，生命都將滅亡。

然而，我們的人生也隨身帶著溫度計。這個溫度計無關個人身體，卻依然和生命有關，這個生命攸關人一生的品質，最常被舉例的，就是「財富溫度計」。

如同家中一般的溫度計，每個城市大致上每個季節的最高溫度都差不多。人身上的溫度計，像是財富溫度計也是如此。如果某個人收入為 8 萬元，那他就「習慣」於 8 萬元的人生，他可能每個月努力工作賺到 8 萬元，接著就自認已經「達標」，開始把賺來的錢花掉，一直花一直花，等到錢越來越少，生活越來越不便，於是不得不再動起來，努力朝 8 萬元繼續奮鬥。

其實，大部分的人都處在這種溫度計的管控下而不自知。上班族永遠抱怨當老闆的人真好，總是住豪宅、開名車，但並沒有人硬性規定，上班族不能跳脫舊有的框架，只不過他們已經習慣那原本 5 萬元的財富溫度計，或者不同行業的人，有人習慣於 8 萬元的溫度計，有人習慣於 10 萬元的溫度計等等。

可以說，每個財富溫度計，展現出來的不僅僅是個人的財務狀況，也展現出他看待的財富生態。也就是說，領 8 萬元薪水的人，就是過著 8 萬元的生活，一個月只能吃一兩次大餐，全家人一年出國一次……等等。但這可以突破嗎？當然可以，

財富溫度計並不是伴隨大家一生的宿命而定溫的，財富溫度計是可以轉換的。

這裡，讓我們開始讓自己挑戰溫度計的轉換。

溫度計相應的是大家的習慣，就好比身為地球上的人類，我們習慣常溫的生活，天氣冷要加衣服，天氣熱要吹冷氣，但不能超越生物本能的極限。如果過冷或過熱，大家會感到不舒服，就會採取相應的作為，調整空調，甚至整體搬遷。

而財務上的「恆溫」，攸關的不是身體的感覺，而是要自我突破。甚至，是從精神上做突破。例如一個常態月入 8 萬元的人，可能不知不覺就習慣這樣的生活，沒有用心去想一下，其實他不是「只能」這樣。

往往，有賴外在刺激，例如上課學習或看到和自己同齡的人已突飛猛進，才反過來思考自己。無論如何，只要願意自發性的自我覺察，並且採取行動，自我突破，朝自我所欲的結果邁進，那就是一種成長。

也許每月收入直接從 8 萬元跳到 20 萬元是有點差距，但是從 8 萬元跳到 10 萬元，那就是可能做到的，只需讓自己願意跨過那個過往自己架設的思維與行動的門檻。

重新為「達標」做定義

讓我們來做實務上的操練。為了方便說明，我們以業務工作為例，因為相對一般上班族的薪水是固定的，業務報酬相對來說是會起起伏伏的。

今天假定你的月收入一直以來就是擺盪在 5 萬元跟 8 萬元之間，那就是你的財富溫度計範圍。也許你曾經抱怨想要更好的生活而不可得，但終究你只是抱怨，你沒有發現，困局是在於你已經「習慣」於 5 到 8 萬元的月入模式。

現在我們要創造新局，就得先讓自己進入「不習慣」，同時也是「不舒服」的領域。

所謂跳脫舒適圈，用語是很貼切的，因為在習慣中你很舒適，跳脫習慣的確會變得不舒適。

這裡要跟大家建立一個觀念。所謂的設定目標，如果只是把昨天的例行工作，今天照貼一次，這不叫做設定目標，這叫做因循苟且。包括公車司機，今天要跑八趟車，把客人安全送到站；郵差先生要把今天被交付的信件，統統都送達。這些都不叫目標，這些只是「職場上的基本職責」。

然而太多人卻把「原本該做的事」當成目標，那其實是一種自我欺騙，也就是說，刻意讓自己落入我有實現目標的假象，並且植基於這個前提，可能衍生出很多人生的負面情境：

- 這個任務很難，沒關係，「明天再說」，反正今天的
  例行性工作已經完成，這算是達到今日目標了。
- 這回業績不好，沒關係，「不要強求」，只是比別人
  差一點點而已，跟我原本的每日目標「差不多」。

錯誤的定義目標，遺害很大，讓整個人都被困在一定的
「恆溫層」裡。這種人最常用的術語：「差不多」、「隨便啦」、
「合格就好」，上班族只要不被主管列入黑名單就好，業務員
只要做到公司規定就好，這些對他們來說都叫做「達標」。

你今天「達標」了嗎？如果你每天都達標，請先不要高興
太早，因為這表示有可能你根本沒有訂定明確的目標。

現在讓我們練習，讓自己重新定義什麼叫「達標」？例如
你原本每個月可以談成八個客戶，這不是你這個月該設定的目
標，你必須設定可執行並有挑戰性的目標，可以設定至少十位
或十二位客戶。我們可以從以下幾個面向來設定目標，同時也
調整你的溫度計。

基本上以人生的三大成功面向：事業（工作）、家庭及人
際關係為基底，再提到一個財富選項，因為財富可以是完成各
種夢想的必備資源轉換媒介之一。

以下舉保險業務為例，不同行業及不同產業可以設定自己
的目標：

項目	過去基本標準	下月挑戰目標	評估意見
事業或工作	成交八張新保單	成交十張新保單	一個目標設定參考值,可以是比原本的常態達成標準,增加 20 % 以上的挑戰
財富	月入 8 萬元	月入 10 萬元	
家庭	陪家人吃飯	安排三個家庭日陪家人吃飯	
人際關係	50 個陌生開發	參加兩個社團,建立 60 位新顧客	

　　新的目標設定後,你會發現達標「有點難度」。這其實很好,就好比我們爬登山步道、走散步小徑,那只是休閒活動,要攀爬陡坡階梯流流汗,那才是挑戰。

　　當你不能再因循苟且、不能再得過且過,除非你訂目標只是在開玩笑,否則你要認真面對新訂的目標,就一定得「改變固有的模式」。所以自約很重要,當你立誓人生要改變,以上的目標調整才有意義,否則,你會覺得「太辛苦了,何必那麼累?」

　　那就會重新跌回舒適圈,繼續過原本的人生。

你可以做到你原以為做不到的

也許你是個上班族，想要過不一樣的人生；也許你是個新進業務員，羨慕那些月入幾十萬元的優秀前輩。

請記住！溫度計的調整不能太過劇烈，否則容易產生負面效果，因為目標設定的太急促、太高。例如剛出社會月薪 5 萬元的上班族，設定下個月目標是自己開公司當老闆。成功畢竟無法一蹴可幾，於是目標等於只是個空頭夢想，久了就會消磨志氣。

難道上班族不能設定目標當老闆嗎？當然可以，但有兩種方式：第一種是設定為「遠期目標」，在那之前則有短期目標及中期目標要一步步達成。第二種是設為心中願景，可能一年半載不可能達成，卻可以列為一種心中的理想標準，讓終身的努力有個「修正調整」的方向。

因此，設定目標千萬不要小看小單位的目標的影響力，只要堅持達成，累積小目標就可以聚積大目標。

回歸到我們自身，如何設定目標？以下是參考指標設定：

1. 個人以年度目標做設定。
2. 每三個月作統計審視。
3. 每個月做檢視調整。
4. 每週計畫具體可行有挑戰的行動（行為）。
5. 每天依計畫採取行動，完成每週的目標。

以前面我曾介紹的目標提升參考值為例，將 5 萬元收入提升 20％，所以是 6 萬元。這只是第一階段的調整，目的是為了讓自己習慣一件事：「原來，許多時候我們只要改變一點點，就可以影響很大。」

三木谷浩史在 1997 年創辦樂天市場網路商城。他創業的第一個月，只有 30 個顧客，月營業額還不到新臺幣 6 萬元，連公司僅有的 6 個職員（包括他自己）的薪水都付不出來。

然而，樂天卻在十年內達成客戶超過 3,000 萬人、月營業額 120 億元，資金流通規模更超過新臺幣 3,000 億元，成為日本第一大、世界第六大的網路公司。

三木谷浩史有句名言：「1.01 的 365 次方等於多少？」

他用這個公式來計算每天改變 1％，持續一年可以達到的成果。問題的答案是「37」，意指若能每天進步 1％，一年後的自己將比現在強 37 倍。

「改變是平凡人變成天才的方法。」三木谷浩史如此認為。（資料來源：https://www.managertoday.com.tw/articles/view/2280）

- 原來，我只要每天多花半個小時整理一些名單，再來打電話，就可以觸及更多的潛在客戶。
- 原來我只要改變簡報的模式，多一點點時勢分析，就可以提高成交率超過 50％。
- 原來我其實若去請教前輩，他可以提供我更多的業務

拜訪建議。

很多時候，「原來」這件事那麼簡單。例如原來只要請教前輩，調整過往的語調、做法、經營模式就可能讓自己的業績提升。但以前為何不知道呢？因為原本的溫度計設定在常溫層，所以你沒有動力想要改變。直到現在你訂定目標要提升20％，為了遵守自己的承諾，所以你真的去找答案，結果就發現，原來和前輩請教是一種方法。

終有一天你會發現，啊！原來我每個月都已經習慣成交至少七個客戶了，不知道為何以前只能成交五個呢？

到這個階段你要做什麼呢？當你認為七個客戶已經「習以為常」了，那麼讓你感到再次不舒適的時間到了。請你設定下月的目標，再一次的調整，或許不再只是20％。

而人生的成長，就是這樣一步步調整上來的。

調整溫度計，自我練習表

項目	過去基本標準	下月挑戰目標	評估意見
事業與工作			
財富			
家庭			
人際關係			

備註：「評估意見」主要是兩種用法：

1. **自我提醒**：例如財富提升，評估原來關鍵是要找到「更可能的買主」，而不要經常浪費時間在非目標族群。
2. **教練評估**：如果有教練的協助，他會讓你自己覺察問題，同時引發讓自己自發性的透過覺察，願意採取下一步具體的行動。當然，教練還扮演一個很重要角色，人難免有惰性，有了教練，他會時時讓你看見當下的自己。

刺激思維的溫度計調整過程

溫度計調整的重點，就是一種從「舒適」調整成「不舒適」，最後又變成「舒適」的過程。

所謂的「不舒適」，也有層級之分。例如前面說的只要和前輩請教，就可以透過行動後，提升一定業績，只是「以前沒想到」，這是一種。也可能要從 5 萬元變成 7 萬元，就是非常的困難，因為總有些「檻」過不去，這時候就是刺激自己突破的關鍵時刻。必須要說，每個人要量力而為，前提是真的全力以赴了。可能因為行業屬性不同，有的行業從 5 萬元挑戰 7 萬元真的有難度，沒關係，那可以稍稍做微調，例如階段性增加20％目標，從原本 5 萬元挑戰 6 萬元。重點是，藉由溫度計

的調整，刺激自己去思考各種的可能性。

- 是不是比原來多行動一點就可以呢？
- 是不是比原本多付出一點時間就可以呢？
- 是不是比原本多投入一點資源就可以呢？

以上仍是站在傳統思維，以「量」的角度思考。但也許這樣做仍無法成功，或者可以成功，但太過操勞，犧牲健康，這也不是好方法。於是繼續思考：

- 是不是有誰可以協助我呢？
- 是不是可以嘗試一種未曾做過的方法呢？
- 是不是既有工作模式有某個環節做些調整呢？

這時候，有個關鍵角色很重要，那就是「人生教練」。那個人可能是你的主管，可能是你很好的朋友，也可能是真正課堂上的導師或教練。

無論如何，所謂「當局者迷，旁觀者清」。例如 NBA 籃球名將林書豪，他已經是頂尖好手，也有自己的一套打球模式，若要他思考怎麼調整到戰力更大，也許他已融入舊思維中難以超越。他的專屬教練在旁邊看他打球，就可以想出新的可能，例如他告訴林書豪，是否把出手的角度這樣調整，力道與球的軌跡就有不同？改變一點點，可能整體成績又是一次新的躍升。

所以，組織團隊很重要。因為所謂的導師（教練）可遇不可求，或者導師（教練）有他自己的行程，無法時常照顧你。

透過建立團隊，就可以有更多志同道合的夥伴支持著你朝目標前進。你的績效一直無法突破，你的同事某甲、某乙也因為跟你同行，無法跳脫舊有的思維框架，但團隊裡的某丙處在另一個截然不同的行業，他可能提出另一個乍聽下有點異想天開、實際上卻真的可行的提議。

改變，就這樣誕生。

團隊，很重要。自我操練，也需要團隊協助，下一章就來講如何組織團隊與團隊合作。

※ 想要尋找好教練嗎？你可以掃描以下 QR Code 與我聯絡。

LINE@

WeChat

第八章
成功之路，你我相隨

有個關於地獄與天堂的傳說。

某天發生一起工廠事故，A 小姐聽到爆炸聲響就昏倒，醒來後人已在地府，原來她已經死掉了。後來主判官唉呀一聲，原來抓錯人了，這 A 小姐人壽未盡啊！但既然來了，為了表達誤抓的歉意，就姑且帶她去參觀地獄與天堂。

先參觀地獄吧！原以為會看到刀山火海，A 小姐卻看到所有亡者，其實都坐在一個充滿美食的桌前。然而可悲的是，美食雖多，卻只能看不能吃，因為他們手中的筷子都太長，根本無法夾食物自己吃，永遠在飢餓中受苦。

接下來看天堂，咦？怎麼也是一樣，同樣是坐在長桌旁，人人也都是拿著太長的筷子。但這裡人人都很快樂，為什麼呢？因為他們懂得用筷子夾食物給別人吃，別人也夾給自己吃，所以大家都吃得到美食。

地獄與天堂就在一念間。關鍵就在於懂不懂得「合作」的道理。

我協助過許多人做自我操練以及自我提升財富，同時發現，自我提升能讓自己成長到一個階段。若要更上一層樓，永遠必須靠團隊。

各行各業都一樣，舉凡傳產業、保險業、房產業、傳直銷產業、美髮業、旅館業、教育業等等，績效都可以做到頂尖，記住！一個人一天只有二十四小時，唯有建立團隊，彼此相互支持合作，才能往下一個階段晉升。在公司裡，一個人的能力再強，若凡事自己包辦，那就算累死也成效有限。若能分工合作，做簡報時，他蒐集資料、她設計底圖、你主筆文案，這樣事情很快就能完成。

本章，來談談自我操練與團隊合作。

個人與團隊一起成長

前面曾談過自我覺察，也確認自我覺察的第一步就是懂得尊重。人與人間合作的基礎，就是這個「尊重」。

基本認知，每個人都是不一樣的，如果這世界人人都是領導人，那誰來當廚師、誰來當工匠、誰來當執行者呢？你在你現在的位置，必然有你存在的價值。所以當我們自我操練的時候，也要讓這樣的自我操練與團隊形成關係。

首先，當我知道「要什麼」並且宣告時，團隊夥伴才可以

成為支持以及砥礪協助你的好夥伴。這是一種對自己的正直，在開放的環境中做公開承諾。

當然，看書學習是一個人，在實務實做（實戰）時，還是需要鏈結他人，與人合作。

團隊志同道合的夥伴，必要有三種基本關係：

1. 主動付出的人（你）。
2. 可信任的人（你）。
3. 可以接受諫言的人（你）。

如果你所處的環境竟然沒有這種人，可能原因有：

第一，你過往的人脈經營不完整，也許做事不認真，又或許沒用心去和同事建立關係，那麼，為了將來的發展，你必須去改善這一點。事實上，在追求個人成功的三大操練中，其中人際關係的影響力，就是主要操練的一環。

第二，如果你是公司老闆或團隊領導，這個環境真的有問題，可能人人都只是打混過日子，或公司本身沒有願景，讓員工看不到未來。若處在這樣極端的狀態下，自然容易讓夥伴想脫離這種環境。

如同前面曾說的，經常我們以為環境不好，其實是自己的心境問題，這點要先判明再來做調整。基本上，環境是客觀的，不會有問題，但每個人可以本身成長到一個階段，是有彈性的，依自己判定，看要不要離開環境。

真正的團隊合作，基礎就是信任。我們可以觀察一個職場，如果員工拚業績的同時，還要一邊擔心自己的功勞是否會被主管搶走，那樣他還會專心做事嗎？或者一個工程施做，在底下灌漿的人，擔心上頭操弄機器的人一個不小心把土石推下，於是不時得上來自己做檢查，處在這樣恐懼中，事情又怎能平順完成？

可以發現，大部分時候，一個人不敢放手去做，或者乾脆就獨來獨往，主因就在於對人或團隊的不信任。一個老闆不信任自己的員工，於是每天把自己忙到爆肝，員工還不領情。一個業務不信任自己的後援，於是和客戶簡報就不夠有信心，當跟客戶報告自家的產品有多好時，內心卻想著製造部門可能根本做不出來，這樣怎可能用充滿熱情的態度做銷售呢？

因此，要追求自己理想的境界，不論是業績或是財務狀況提升，這自我操練其中重要的一環，就是要跟團隊建立共生合作的關係：

一、建立尊重

要清楚認知，A 和我想法不一樣，不代表我是對的他是錯的，或者誰對誰錯，可能只代表著在他過往以來的認知累積起來所建立的風格，以及價值觀選擇，就是塑造成現在的他。他只是和我不同，而不是比我差。

溝通很重要。當 A 不支持你的提案，不代表著他故意扯

你後腿，而是在他的過往經驗裡，這個提案帶給他的觀感是負面的。事情就是客觀的事情，不該夾雜太多的情緒。當排除掉太多的主觀，就能好好溝通，讓團隊形成共識。

二、建立認同感

（Ｘ）錯誤的團隊認知：我才是優秀的，其他人都是廢材；
（○）正確的團隊認知：因為大家的努力，我們才能共同進步。

（Ｘ）錯誤的團隊認知：公司就是因為這些人，拖累我的腳步；
（○）正確的團隊認知：要讓公司卓越我責無旁貸，大家都在努力，我也要全力以赴。

三、搞定自己，協助他人

團隊運行中，每一位成員都扮演著重要角色，缺一不可，操練自我扎實的基本功，為達成自己分內的工作或任務或績效，全力以赴的落地執行，以公司、團隊共同目標為準軸，進而協助身邊需要協助的夥伴，給予支持與資源，**為自己達標的同時，也與夥伴攜手並進，打造三贏。**

你可能是個將軍，也可能是個參謀，更可能是個戰場先鋒。重點在於你要不斷自我操練提升自己，並且在此同時，你要發揮影響力，讓團隊因為有你戰力更強，你也因為團隊，更有信心衝鋒。

成功的路上，你還是團隊的一分子

其實人間大部分的煩惱，可能是因為「另一個人」造成的。

如果這世間只有你一個人，沒人和你對比，沒人給你支持也沒人和你唱反調，根本就沒人和你吵架，那你也會覺得人生很無趣吧！

大家往往就是太在意別人才不快樂，但完全不在乎別人又變得太冷漠。

這都需要學習，在成功人生三個修練過程中，人際關係這一環並不比其他兩個領域來的輕鬆。

個人與團隊結合的自我操練，如何建立正面影響力，而不是反被其他人的負面磁場影響呢？

一、確認自己的定位

這是最基本也是本書最前面兩篇所要引導大家做到的。當一個人願意對自己負責，並且確認自己是怎樣的人，那這時候，他就能為有自己的定位。（記得嗎？前面你可能自己在團隊面前宣告過，我是個積極勇敢負責任的人）

就好比一盤棋局，你要先確認自己是「將、士、相」還是「車、馬、炮」，這樣棋局才走得下去。

二、讓自己變成有影響力的人

未來，世界財富的*趨勢*，不是你影響別人，就是別人影響你。如同第五章我們曾提過的，不要讓自己輕易受環境影響，這裡，我們則以團隊和個人互動的角度來闡述。

一個人最常受到影響的狀況，就是你「跟別人不一樣」的時候。然而，偏偏在自我操練的過程，我們就是要讓自己變得不一樣。

好比我們原本每個月的業績是 5 萬元，大部分同仁也都是這樣。現在的你就是要追求改變，你要讓自己的業績變成 10 萬元。為了改變結果，所以你一定得採取行動改變過程，因為結果是等著被發生的。好比說改變拜訪客戶的模式、改變打電話的話術等等。那麼當這樣做的時候，其他同仁看到了，他們可能會提出負面批評，可能會不以為然。如果你原本就對自己沒信心，旁人簡單的三言兩語就讓你打回原形。先是自我懷疑「我這樣改變對嗎」？接著就放棄所有的自己下的決心。

請注意，那些對你提出異議、甚至潑你冷水的人，不一定是惡意，相反的，他們可能是基於好意，或是另一種方式的提醒與激勵。例如你原本是月入 3 萬元的上班族，你決心挑戰自己，要讓自己及家人能經濟無虞，並且在未來能有更多的時間可以陪伴父母家人，決定用下班後及休假日的時間，投入大量學習，開始練習投資或投入讓自己工作之餘可擁有的事業等。

當你宣告你的決定當下，爸爸、媽媽和親朋好友都可能會出面反對，然而他們都是最愛你的人，若你原本信念不強，就

會一下子打消想改變的念頭（本書後面也會舉出這方面的真實案例，請見第 231 頁）。

三、記得與團隊保持交流

真正關心你的人，也就是期待你人生過得更好的人，包括你的家人及好朋友，也包括願意栽培你的長官，以及願意看到你成長的同事。

當他們確認你找到目標，而不是一時衝動。好比當父母勸你不要那麼天真了，傳直銷事業不合乎你的本性，但你依然展現你的堅定信念，確認地說：「我決定要朝這方面打拚，同時也需要你們支持，讓我能全力以赴的拚搏。」那麼關心你的人，有可能也將會轉而支持你。重點就是你一定要清楚知道，你現在付出的種種辛苦，都是在為你的未來鋪路。

堅定信念，就是自己給自己定下一個心錨。除了你自己將堅定信念與立場，不為任何外在因素所動搖外，若能得到更多家人與朋友的支持，更可以讓路走得更穩。

而這樣的你，與團隊建立的三重交流：

1. **尋求支持**：當你放出訊息，你努力的方向，你的好夥伴則可以看它們可怎樣幫你。
2. **適時求助**：朋友不僅僅是啦啦隊，朋友經常也是顧問。好比在企業裡，一定有主管或資深前輩。當你要有所突破，難免碰到瓶頸，這時候就要懂得向前輩求助。

3. **正面影響**：若你一步一步達到成功，你也可以回饋給你的團隊，包括報酬以及經驗分享。更可以用成果感恩那些支持你的夥伴，成為彼此的動力。

記住所謂團隊，不論是不是在企業服務，又或是個人工作者，也有家人朋友構成你的人生團隊。

善用別人的時間達成目標

任何的成功，都包含一種累積。

最基本的累積，就是自我經驗累積，例如我們每個人一路從小學、中學念到大學，入社會後繼續寫就自己的履歷表，這都是自我累積。但人的生命有限，若一切都只依靠自己，那將會非常沒效率。

成功的人士都善於做到以下兩點：

- 用別人的時間來賺錢（或達成自己的任務）。
- 用別人的金錢來賺錢（或達成自己的任務）。

如何用別人的金錢來賺錢？例如跟銀行貸款投資房地產，或是眾籌募資創立事業等等，這些在後面章節會繼續介紹。這裡談到自我操練，重點是在如何善用自己與別人的時間。

一、結合有助於我的團隊力量

當我們建立了夢想，建立了目標藍圖，我們要設法發揮自己的影響力，例如勾勒藍圖讓同事們知道，然後邀請他們和自己一起奮鬥。當有一群人願意共同為你的夢想打拚，那就是既能節省別人的時間，並且當我們成功了，好的結果也會帶給對方好的時間應用效率報償。

二、結合有助於我的智慧

所謂善用別人的時間，不只是字面上「大家投注時間在你的事情上」，更包含了另一層涵義，也就是把別人曾有的經驗拿來應用，以節省自己本來必須花費的時間。

上一節曾提到適時求助，這裡再進階闡述。當我們在各自領域上碰到一件事情或問題時，除非我們很肯定這是一個全然新穎的狀況，否則「任何事肯定都有人做過」，與其悶著頭摸索，不如直接請教走過這條路的人。

一般人常犯的錯，第一是害羞（不敢問人），第二是太過體貼（擔心問問題會打擾別人），第三是愛面子（害怕別人的眼光與看法）。其實我們可以以自身為例，當有人向我們「請益」，我們的感覺如何？是不是有點飄飄然，覺得自己還算夠分量，有人願意請教自己？特別若請教的主題正好是我們的專長項目，我們也一定樂於與人分享。

推己及人，當我們請教別人問題，只要是抱持著學習的態度，對方也一定會很樂意告訴你。

舉個故事：

有一天，爸爸指導著小明，要他學會如何技巧性的搬運東西。他們準備了一輛推車，地上有不同的重物，有些重量較重，有些外型不好施力。每當小明搬不動，爸爸就要他動動腦，然後就可以搬動了。

唯獨到後來，有一個真的很重的物品，小明無論怎麼施力，或是靠著槓桿原理、借助滑輪等等，都無法成功。每當他要放棄了，爸爸就問：「你真的盡力了嗎？」小明於是再試，但還是無法搬動，爸爸再次問：「你真的盡力了嗎？」問到第三次後，小明疲累的坐在地上說：「爸，我真的已經盡力了。」這物品我無法搬動。

爸爸於是告訴小明：「錯了！你並沒有盡力。你忘了還可以開口問我可以跟你一起搬嗎？所以你並沒有盡力。」

所以，勇敢發問吧！團隊的一個加分作用，就是可以讓你「問」。與其抱持著疑慮，想著試試看、應該是這樣，何不花幾分鐘，直接拿出疑慮和主管或前輩討論呢？你在怕什麼呢？有問題大量的發問吧！只有得過且過的人，才會永遠沒問題。

甚至包括私領域的事，例如你不是請教如何幫公司達到業績這類的問題，而是該如何理財致富，這雖然是個人自己人生的問題，當我們抱著學習的態度虛心請教，以謙卑的心找專家討論，相信只要對方認同你的認真態度，是會不吝與你分享他的智慧。

基礎練習

現在的你，是否屬於某一個團隊？或者不只一個團隊？
或正在經營一個團隊？

（舉凡公司，學校，社團，甚至家庭都是團隊，或者若
是家庭主婦的身分，在所屬社區經常和鄰里互動，也是
個廣泛的團隊）

1. 過往以來，你如何認知所屬的團隊

（例如，這個辦公室裡都是些沒有想法的人）

現在，你是否願意用新的思維，看待這個團體？

2. 你在這團隊扮演怎樣的角色？

這個團隊是否可以帶給你成長？

是否有助於你的三大修煉？

請重新檢視自己與團對的關係如何？

3. 今後，你計畫如何與這個團體一起成長？

第九章
為更好的自己往前邁進

這是我自己的親身經歷。

多年前，由於家中在做建築相關生意，跟一些廠商有合作，都是些地方性的經銷商，付款的方式也就是很傳統的簽帳月結，每到月初我就要協助去收貨款。那時我還年紀還輕，剛退伍，大約二十出頭，我不太懂得社交，況且廠商也都是那種嚼檳榔、穿汗衫、講臺語、三兩句話夾一句三字經的自營商老闆，總得適時的應酬交際。

印象中有一次，我一早起來就銜命去收貨款。去到一家廠商，對方看到我這年輕人，很不屑地問：「來幹嘛的？」一聽到我要收貨款，很不耐煩地說他在忙，嘟嚷著怎麼七早八早就來，要我晚點再說。然後也不知道是不是故意的，一句：「幹！」他往我身旁吐了一口痰，竟沾到我頭上。我感覺受到侮辱，用手擦了擦頭，一股腦想幹架了，還好我忍氣吞聲，對方把我晾在一旁不理我，拖了兩個多小時才請會計出來開票給我。

那次的經驗讓我我印象深刻。在這裡我要強調的不是屈辱或者復仇，而是當時內心那種情緒，那種「這趟任務就是收款為第一要務，其餘都是次要」的強大使命感。就是那種使命感，讓我碰到任何狀況都無法壓過任務本身。我就是要達成使命，事後我也告訴對方我的感受，當場也有獲得對方的道歉。

所以一個人存在的價值，甚至喜怒哀樂榮譽悔恨等等，許多可能都只是一時的情緒，重點是知道「自己要什麼」。

這世間只「不知道自己要什麼」的人，才會任由自己被情緒操控。

談自我操練，這一章讓我們來價值觀與選擇。

什麼是你的最佳方案？

記得那個測驗嗎？當地上有 1,000 元鈔票和 500 元鈔票，你要撿哪一張？

答案是既然蹲下去了，當然是兩張都一起撿。

那麼當我們談起人生、事業、家庭與人際關係時，哪一個最重要？現在，聰明如你當然知道，三個都重要，你值得同時擁有。

問題是，人生不是腦筋急轉彎的測驗，現實生活裡，你「真正」應該怎麼做？

例如我們都知道，家庭和事業應該兼顧，但實務上，好比說公司正在趕一個專案，而你就是專案負責人，並且你也知道，若專案最終通過審核，你可能會升官擔任經理，那時候你就會更忙了。這樣的你，在那個當下還可以奢談要陪伴家人之類的夢想嗎？你有可能連回家陪孩子吃飯都是個問題。

所以是否人生終究還是只能是「無奈的單選題」？重點是你有多大的企圖心想要達成這些目標？當你「要」，你就一定可以得到。如果依照傳統的思維，一個趕專案且前景看好的人，難免會犧牲或疏忽家庭，然而當我們設定目標「兩者都要」

時，就會發現有更多的可能性，包括新的方法與答案。

- 趕專案重要？這個專案是一年到頭都有嗎？還是一個年度特殊專案，也就是說，只是那段非常時期才發生的情況。在這樣的前提下，首要得跟家人溝通，得到諒解與支持。

- 工作就不能陪家人嗎？除非這是一人公司，否則一定有團隊分工，在不需要事必躬親的情況下，是否晚餐時間依舊可以回家陪家人吃飯，然後再回公司接續其他人的進度？

- 身任經理就代表越忙嗎？公司是以「工時」來判斷一個人的工作價值嗎？是否能夠帶來公司更好的業績，比在公司加班多久更重要？當我們可以用更有效率的方式幫公司獲利，同時也可以每天晚上回家陪家人，這兩件事當然可以並存。

當我們只用過去的經驗去評斷事情，就容易落入傳統窠臼，以為家庭與事業無法兼顧。然而只要你願意用心去安排規畫，就會發現任何事都有更佳的選擇方案。所謂舊有思維，過往以來，我們完成一件事可能是 A ＋ B ＋ C ＋ D……等不同流程，現在當發現這件事可能跟另一件事有所衝突，例如「夜夜加班」跟「陪家人」這件事有衝突，我們就可以認真去想，加班這件事，包含了哪些工作步驟，原本 A ＋ B ＋ C ＋ D……

可否哪個環節調整，例如 A 的部分可否加強，調整 B 或 C 的部分可以用 E 來置換等等。不去思考就沒有答案，一思考就會發現其實有很多過往沒想到的可能。

　　只要願意，任何人都可以找到更佳的方案。你可以設立你的人生目標，包含財富事業家庭人際關係，沒有必要犧牲哪個配合哪個。最終目標，就是要讓自己真正幸福快樂。

企業宗旨和個人宗旨

　　進入實戰，學員問我：「老師，我想賺大錢，因為我認為擁有金錢才更容易成功，老師可以教我如何賺大錢嗎？」

　　這世界上任何的老師，可以告訴學生「他自己」怎麼賺大錢的，卻無法一一告訴學生保證賺錢的通則。學員甲可能個性很保守，並且家中食指浩繁，學員乙則是二十幾歲年輕氣盛、熱愛冒險也無家累的青年，教導這兩人賺錢的方法，肯定不會相同。

　　然而的確還是可以傳授賺錢的模式方向：

1. 我因為這樣賺錢了，我的經驗你可以參考。
2. 我因為這樣賺錢了，透過彼此合作也能夠互利共生。
3. 我因為這樣賺錢了，這個商業模式可能可以套用。

　　但如果你想「做自己」，不想兩人合作，究竟還可以怎樣「賺到錢」呢？

　　雖然這世界上沒有百分百的必勝公式，不過，還是有「獲勝率較高」的法則，那就是：任何事情若能做到極致，一定可以獲得相當的效益（不論是報酬或其他的收穫）。

　　放在個人身上，就是你要確認自己的專長、特質、天賦、興趣以及價值觀和人生宗旨。

　　我常跟學生說，每個企業都要找到自己的宗旨，而個人也是如此。例如星巴克的成立，其宗旨要為員工提供一個高尚、受尊重的工作環境，以多樣化為公司的主要目標，並且無時無刻令客人感到稱心滿意。7-11則以提供生活上最便利的服務為宗旨，並善盡良好社會公民責任，「真誠、創新、共享」的企業文化。

　　以這樣的宗旨為基準，公司的任何決策訂定，都不違背這個宗旨。

　　那麼個人呢？個人的宗旨是什麼？以我自己來說，終其一生只做這件事：「帶給人們更快樂更有安全感。」

　　因此我的整個人生，都會為了實現這個宗旨而投入，當我碰到任何挑戰或環境變遷時，這句話就像是沙漠裡的指南針，讓我永不迷路。

　　大部分的人並沒有認真去思考自己人生的宗旨，而我看到

真正有設立宗旨，並且將這樣的宗旨變成使命一部分者，都會是人生成功的典範。

人生的成功，自然不一定要和金錢有關。

舉例來說，華人世界聞名的慈善事業大師證嚴法師，她和她創立的慈濟志業就是以「推動淨化人心的工作」為宗旨，以此為核心，不論是慈濟功德會、慈濟醫院、慈濟科技大學，都在這樣的宗旨下，引領萬千人有個行善的基準。

至於企業方面，每個典範企業家及其企業，諸如台積電、華碩、台塑等，也都會一個做為全體成員圭臬的核心宗旨。

若以個人來說，「個人宗旨」這個詞感覺似乎不太適合，不過另一種說法就叫做「個人使命」。一個擁有明確個人使命的人，碰到任何難關都比較容易做選擇，當事件發生或來臨時，哪一個選擇可以支持我，持續完成我的個人使命，就是好的選擇。

你呢？你有個人的使命嗎？若以前沒有，現在可以為自己打造一個屬於自己的個人使命。

基礎練習

假定今天你獲選為優良楷模，奉派加入一個團隊，要共同去一個發展較落後的鄉村做輔導，在出發前要和其他團員彼此認識，並且做出公開宣示。你要讓大家知道你是怎樣的人，你要說出你的個人使命。

舉例，其他人的使命：

- 我要幫助更多人脫離貧窮。
- 我要讓人們擁有富足自在的生活。
- 我要協助大家更成長更卓越。

在生命的旅程上，你的個人使命是什麼？

以下，寫出你的個人使命：（可以幫助（帶給）人們或社會更有意義更有價值的生活）

找出自己的價值

　　簡單的自我價值觀判別，每天都在發生，甚至你自己都沒發現。例如幾個好友出遊散心，當夜晚來臨，月色美麗，於是有人圍桌談心，有人寧願一個人靜靜走到湖邊賞月，有人想早早就寢。這背後的每個決定，其實都牽涉到價值觀。

　　或者更簡單的，你手機壞了要買一臺新的，假定預算足夠的情況下，你是要挑選造型亮麗的、功能完備的，還是有搭配贈品的？不同的價值觀，決定不同的選購行為。

　　如果買手機選擇是依照價值觀，那麼做人生重大決定，是不是依照價值觀呢？當然也是。一個覺得拚事業比較重要的，跟一個覺得家庭是第一價值的人，當這兩個人同時面對加班時，所作的選擇就會不同。

　　那麼信念和價值的差異是什麼呢？當我們談到個人使命，之中也會包含著個人的信念。不過個人使命不等同個人信念，例如有人的信念是「我相信人性本善」、「我肯定人性的光輝」、「我深信正義比將得到彰顯」，這樣的信念，影響大家一生的行為。而使命則是一個具體的結果或行為的界定，例如「我一生都要幫助弱勢無助的人」、「我要成為善念的傳遞者」等等。

　　對每個人來說，信念是他認為真實的事，至於價值觀，就是他認為最重要的事。

這時候，價值是一種對比。如果這世間只有一種選擇，那就沒有所謂價值觀。當出現多種選擇，就產生價值觀念的判斷。例如金錢跟愛情哪個重要？親情跟愛情哪個重要？得到總經理職位跟經常陪伴母親哪個重要？這後面就牽涉到個人的價值觀。

大家碰到抉擇時，價值觀排比在前面的，會有最大影響力。同樣是去星巴克喝咖啡，有人覺得這咖啡太貴了，竟然要100多元；有人覺得星巴克提供了一個優質的場域，咖啡100多元是值得的。

而當兩個人請客，其中覺得星巴克太貴的人，竟然邀請朋友去星巴克談事情，那就代表他對這件事很重視，相較來說，另一個人原本就常去星巴克，所以邀情朋友去星巴克只是件平常的事。

但價值觀跟每個人的人生自我操練有什麼關係呢？

一、擁有明確價值觀的人，比較容易展現個人準則

例如一個認為「事業」價值評比比較重，跟一個「家庭」價值評比較重的人，假定兩人同樣都希望退休後擁有 5,000 萬元，那麼創造這筆金錢的過程選擇就會不同，前者可能投入創業或者業務工作，後者可能規畫企業體制內的穩定升遷，或者投入專業職涯，例如考取證照、執行技能專業等等。

二、當碰到生命中各種轉折時，比較不容易迷惘

所謂生命中的轉折，不一定是好事或壞事，例如有可能有個機會被派赴海外擔任高階主管，或者在職場上遇到自己的真命天子都算。負面的則包括碰上金融風暴、投資大損失時該如何做決策或家人碰到危機要如何面對……等等。

回到本章開頭的個人經歷，我當時被客戶侮辱卻忍氣吞聲，務必收到貨款。如果對成年人來說，那可能是一種個人修養，但以我當時仍是青少年來看，影響我的是價值觀，也就是對我來說，收到貨款「達成家人公司交辦的使命任務」這件事，比「個人被侮辱」還重要。同時事後我也做了相對的告知，讓個人的尊嚴獲得應有的尊重。這就是價值觀的具體應用。

在此再以一個例子來形容對個人來說，真正做人的信念與價值的重要性。

曾有學員問我，價值到底具體來說是什麼，有什麼可以現場展現的？有的，假定我手中有兩張大小一樣的紙張，其中一張就是白紙，另一張卻是千元大鈔，現在，我把這兩張紙都揉成一團，變成像是垃圾一般，還丟在地上用腳踩。最後當我拿起地上這兩張紙團，攤開後，其中一張可以送你，如果要你選，你會選擇哪一張？

答案沒有爭議，人人都還是會說那張千元大鈔有價值。也就是說，一個人的存在所擁有的，就算碰到再大的橫逆，他依然保有那個價值，同時，自我的價值也在人生中持續被尊重與

成長。

　最終我們思考自我操練的抉擇時，提升個人的價值，就是人活著的核心道理。

> ### 基礎練習
>
> 找出最近一個月以來，你碰到什麼衝突事件？
> （例如加班與陪家人的衝突，假日想休息但另一半想郊遊的衝突……等等）
>
> 針對這樣的衝突：
> 1.現在的你，是否了解衝突的原因，審視自己，是否真的這樣的衝突無法化解？當衝突發生，是否有最佳方案可以二者並得？

2. 再來審視各種問題的根源

是否許多的衝突來自於價值觀上的衝擊？在此，你可以認真審視，寫下對你來說，生命中重要事務的價值觀順序：

（1）

（2）

（3）

（4）

第四篇　心花綻放
財富自由觀念篇

財富自由是多少人嚮往的字眼，
但許多人似乎對這四個字有所錯誤認知。

第十章
從生活中的共享經濟談起

有一天小陳在回家路上，巧遇前公司資深前輩正在遛狗，便和他聊了起來。這位前輩張伯伯本來是前公司的副總，後來年紀大了才退休，如今每天含飴弄孫，生活無虞，日子過得挺愜意的。

也算有感而發，小陳看到張伯伯非常親切，不禁對他說出心裡話：

「前輩啊！我這個人，雖不是什麼典範楷模，至少也還算認真踏實、學歷尚可、在一家穩健的企業上班，平日也不做有損陰德的事。不賭不嫖也沒誤入歧途，孝順父母珍惜家人。但為何我再怎麼努力，人生就只能這樣？每次看到比我年輕的人穿戴名牌開好車，我內心都很痛苦啊！」

張伯伯只是笑笑的，看到小陳真的很苦惱。他就問小陳：

「剛剛聊天你有提到下個月要出國旅行是嗎？」

「是啊！我上班多年了，依勞基法每年已有十天年假，我都會帶女友出國散心。」

「十天啊！那行李箱肯定得裝不少東西囉！」

「是啊！張伯伯我買了一個名牌行李箱。要2萬多元，品質好，堅固耐用，難得帶女友出國旅行，這一點不能馬虎。」

張伯伯再次笑笑：「你不是問我為何人生不能有所突破，發展就只能這樣嗎？答案就在你剛剛的回答裡。」

認識資產與負債

各位親愛的朋友，讓我們來聊聊財富自由。這是多少人嚮往的字眼，但許多人似乎對這四個字有所錯誤認知。

無論如何，讓我們先從生活周遭的事談起。

為何談財富自由會談到旅行呢？這中間有什麼奧妙和關聯性嗎？

就上述的故事來說，為何一個人的人生是否有突破，跟這趟旅行有關呢？

問學生，得到種種的回答：

有的說：「一定是因為行李箱買太貴了，把錢花在那麼奢華的事上，難怪永遠存不到錢。」

是這樣嗎？不是的。

回饋兩個思維：

1. 大家想過自己想要更好的生活，這並沒有錯。如果可以，當然要買好一點的行李箱啊！

2. 剛剛回應倒是有一個切入角度對了，就是「存不到錢」。存錢的確跟財富自由有關，但重點倒不是不該使用好的行李箱。

另一個人說：「這個小陳啊！看他就只是愛抱怨，只會想些負面的情境，然後再藉由旅行逃避現實。這樣的人當然不可能有什麼成就。」

這裡也回饋兩個思維：

1. 抱怨當然不見得是好事，換個說法，說他是檢討反省人生，似乎，小陳並沒有錯。他感到不快樂，因此會去思考，並且還請教前輩，這件事是正確的。

2. 至於說旅行逃避現實，這或許是另一種的認知。因為這樣的回答，已經預設立場，把旅行當成是「負面的」、是「浪費錢」的。

這雖只是小事。不過當我們錯誤認知一件事甚至一個商品，人生發展會差很多。舉個例子吧：

很多人買車子，可以開車上下班或載著家人及朋友旅遊，那這車子算是什麼呢？是資產還是負債？

許多人愛炫耀名車，認為這是他們地位象徵，是資產。實際上或許名車是貸款買來的，每月除了要繳車貸還須負擔不少的維修成本。所以是資產嗎？當然不是，這是典型的純消費品，並且因為每月會讓自己的收入被吞食，所以有可能是負債。

讓我們來認識一個基本的定義：

所謂的資產，就是當你擁有它時，每個月或定期會為你帶來進帳的（賺錢），這才是資產。

所謂的負債，就是當你擁有它時，每個月或定期會讓你產生支出的（花錢），這就是負債。

任何的物品或事務，沒有絕對的定義，要看持有者是如何使用它？能帶來什麼樣的價值產生為資產，反之，帶來開銷支出的就是負債。

當了解這個原理後，再來談談小陳的例子。

為何張伯伯覺得小陳的人生是否可以突破的關鍵是在這個旅行的話題呢？

聰明的你，一定曉得，此時就要套入資產負債的觀念。

以下我們先來談談共享經濟。

認識共享經濟

共享經濟，需要兩大元素，一個是供給，一個是需求。這個名詞在這幾年很夯，似乎變成雲端大數據時代新的流行，很多人也以為這是網路時代興起後，才有的新興產業。

不是的，現代各種高科技的應用，的確讓共享經濟更容易落實，但真正共享經濟，早在更久以前，就已經是有錢的大家創造財富的祕密。

- 張董買了一臺賓士車，這車子不只是自己的私家車。張董讓這臺車成為公司的「共享」，包括接待貴賓、高階主管外出拜訪客戶的工具、有時候長途出差與同仁就在車上開會，必要時候，這臺車也加入公司其他

貨車的行列，協助載貨。誰說賓士車不能載貨呢？

（所以這臺賓士車是公司的資產，也是公司一種共享經濟的落實。）

- Jessie 拿出多年的私房錢，和朋友合資在海邊趁低價買了棟 Villa，主要用途是做為家人度假的據點，以及借給閨蜜使用的空間。但一年有 365 天，真正住得到的時間不到十分之一。然而，Jessie 已為 Villa 裝設符合旅館安全規定的種種設備，結合網路行銷，以預約制方式出租給不同季節的旅人，每年增加的收入遠遠大過房貸支出。

（所以這間 Villa，是一種資產，因為共享經濟而為 Jessie 創造價值）

舉例至此，你可能會恍然大悟。可能很多人過往總以為共享經濟，好比說最知名的如 Airbnb 及 Uber，我們只是使用者。畢竟，我們並沒有創造一個商業模式，創業是需要資金的。

從前面的例子我們知道，不是說你要去創立一家企業或商業模式，才能夠讓自己加入共享經濟。事實上，懂得善用共享經濟，正是一個人可以由平凡進而晉升財富自由的關鍵。也就是讓「供給」等於「需求」，「需求」就是「供給」。

來做個訓練吧！回到本章最初的那個故事，如果你是小陳，看到張伯伯的微笑，會想起什麼嗎？

答案就是那個行李箱。

就算只是小小的行李箱，也可以結合「共享經濟」。

小陳買的那個行李箱，是名牌的，因為「難得帶女友出國旅行，這一點也不能馬虎」。但行李箱一只要 2 萬元，小陳一年只出國 10 天，兩年加起來 20 天。第三年出新款，舊的收起來要再買一個新的。單就兩年來看，一年出國 10 天，兩年出國共 20 天，也就是 2 萬元的行李箱，只用了 20 天，一天分攤下來要 1,000 元成本。小陳工作省吃儉用，出國安排住一晚 800 元的廉價酒店房間，但他萬萬沒有想到，光行李箱一天 1,000 元⋯⋯

然而，若結合共享經濟的概念。

如何讓原本耗費 2 萬元的這個商品，變成一種可以生財的資產呢？方法有二，結合共享經濟的概念：

一、以持有面來說

小陳一年只用 10 天，其他的 355 天，他可以把行李箱公開出租。相信有這方面需求的人一定不少。假定租一天 100 元，一年最多可以額外賺 3 萬多元。甚至，後來小陳開竅了，乾脆興起經營行李箱租賃事業，每個月為自己賺進不少的外快。（實務上，我們去一些以觀光產業聞名的鄉鎮旅行，那裡不是有人經營機車或 Ubike 腳踏車出租嗎？這正就是一種共享經濟的具體應用）

二、以使用面來看

好吧！假設小陳上班的事就忙不完了，暫時不去想什麼共享經濟。那麼他至少可以節省花費，既然一年只用 10 天，他就去租行李箱就好了，不需要用買的。1 天 100 元，10 天只花 1,000 元，同樣也是用到「品質好、堅固耐用」的行李箱。

這是很基礎的，人人都可以參與的共享經濟。

人人都可以從共享經濟到財富自由

講到共享經濟，結合前面說的資產與負債的概念。

現在的你對於如何財富自由是不是有點想法了呢？

你可能想著，我知道了，老師是要我們要趕快列清單，找出身邊什麼東西可以活化再利用，都來「共享一下」，是這個意思嗎？

若只是這樣，那就仍是「兼差打工」的概念，也就是在正職工作之餘，讓自己多點外快，但單單這樣仍非財富自由。

具體來說，設法讓自己身邊的物品活化，這樣就可以為自己所擁有的資產創造價值帶來收入。這是個重要的概念。同時所謂財富自由，包含的不是一個個單一事件，財富自由，是攸關一生。

好比說，有人 40 歲就財富自由了，那絕不是說他「40 歲

那年」擁有財富自由，而應該是指他「從 40 歲後的人生」都擁有財富自由。那絕非單純活化身邊用品可以做到。

更具體來說，共享經濟可以做到兩件事關係著我們的財富：

一、讓原本的商品甚至負債，變成生財的資產，增加財富

例如，留在祖厝中古早風格的家具，若只是放在倉庫，不是資產也不是負債。若出租給電視公司拍戲使用，有了收入就變成了資產。

而上下班買一臺車來開這件事，就真的是負債了。要怎麼轉換呢？

1. 自己加入經營 Uber 的行列，車子變成生財工具。
2. 車子給別人租用，賺取租金，車子也因此是資產。
3. 或者至少，車子是有助於我們工作提升的。好比說，你開公司需要車子載貨。或你的職業，經常南北各地出差拜訪客戶，車子有助於你「增加收入」，同時量化後，增加的收入已大於車子的開銷支出。

（也就是若不開車，你的績效就變低，每月業績變少，這有影響。但純上班族，開車上下班並不會因此增加薪水，那就不算增加收入）

二、共享經濟甚至可以直接變成收入主要來源

例如 Uber、Grab 司機，他們的工作模式就是結合共享經濟。這裡指的是，一個人原本有自己的收入，可能是當上班族的薪水，或每月的專業報酬等。

當他把生活中的某些物件變成資產，甚至事業。最常見的例子就是房地產，當房地產可以長期出租帶來的報酬已經大過原本的薪水，那就已經讓共享經濟成為主要收入來源。這裡，我們提到房地產了。是的，提到有錢人，提到成功者，似乎不免會想到房地產。並且這是普世共通的現象，從臺灣、大陸到歐美，乃至於非洲國家，莫不如是。我們可以看到一個人在時間有限的情況下，擁有房地產並且懂得結合共享經濟的人，往往可以比起同樣出生背景的人，有著更多的財富增長。

然而太多人仍執迷於一種觀念：「我沒錢買房子，所以無法變成有錢人」。但讓我們來翻轉一下這觀念。

下一章，讓我們更進一步認識什麼是財富自由。

基礎練習

1. 重新檢視並列出你所擁有的（好比車子、房子、珠寶、重要收藏），用本章學到的定義，來判定那些是資產還是負債？

2. 如果有可能，你可以怎樣善用你原有的資產，做到共享經濟？（讓負債變資產）

第十一章
財富自由與幸福人生

媽媽早上要出門前，發現有件事怪怪的。家中哪裡不對了，啊！原來是兒子還在家，他仍房門鎖著，正睡著大頭覺呢！

今天是上班日，兒子為何還沒起床出門？媽媽擔心了起來，跑去敲兒子房門：「兒子啊！你怎麼了，感冒了嗎？是不是請病假了？身體還好嗎？要不要看醫生？」

不久傳來兒子那仍睏意未消的聲音，他說：「媽，我沒生病。我只是看清一個事實，所以我不上班了。」

「看清什麼事實？為何不上班？」

「唉啊！我看清了這世界上，所有上班族都只是可憐的螞蟻，辛苦一輩子也不能過到好生活。我昨天認識一個新名詞，叫做『財富自由』，我要當一個財富自由的人。」

媽媽納悶地問：「所以為了財富自由，就不用上班嗎？」

兒子說：「媽，你別吵我了。我只知道，那些財富自由的人都是不用上班的。我也要當這種人，所以別吵我，讓我繼續睡吧！」

認識真正的財富自由

什麼是「財富自由」？

聽過財富自由嗎？真正知道這四個字的意涵嗎？

是否你也如同前面故事對話裡的兒子一樣，以為財富自由就是指「不用上班的人」？財富自由當然不是單指不用上班，而是指「不用透過自己從事勞務工作也有收入」的意思。

但就只是這樣嗎？

在談如何財富自由前，我們要導正一個迷思：

所謂財富自由，並不是工作的反義詞，更不是將人分成「需要工作的」跟「財富自由所以不用工作」兩類。事實上，更多的時候，財富自由的人每天可以付出的更多，他們也同樣工作，甚至有人還投入多重工作。

重點是：他們可以樂在工作，因為他們正在做自己覺得有價值、有意義的事。

舉例：

你開了一家餐廳，目的是為了實現你的夢想。因此你的餐廳裝潢成你最愛的大自然風，菜單上都是結合養生飲食概念的蔬食。這是你的夢想實現，從布置到人員安排都依照你的意思，你甚至可以規定每週只營業三天，剩下四天要帶著家人去遊山玩水，不再招呼客人了。反正是你的餐廳，做你想要的。

或許你會問，任何的老闆不都是這樣嗎？當老闆就是可以

做自己想做的事？實務上不是這樣的，絕大部分的老闆並不是真的老闆，他們的上面還有一個更大的老闆，叫做「客人」。

所以他們安排的菜色要讓客人滿意，服務人員的禮儀要小心翼翼，不能讓客人有客訴。開餐廳，講好聽點自己當老闆，實際上，一天工作超過十二個小時，比上班族要累，並且每到凌晨邊計算帳目，總要邊哀聲嘆氣，擔心今天進帳太少，怕月底會有赤字。

這樣的經營餐廳，是一般的創業經營模式，是一種營利的追求，甚至是一種謀生的必須，也就是說，如果今天餐廳休息或經營沒獲利，老闆可能就要擔心下月全家的生計了。

這不叫財富自由。

至於前面那位，他高興的話，一星期可以只營業三天的餐廳老闆，才真的叫做財富自由。也就是說，他經營餐廳不是為了賺錢養家，他經營餐廳只是一種樂趣，是夢想實現，所以他不需要討好別人。我個人特別喜歡中國版「深夜食堂」劇中老闆經營的態度，「菜單只有牆上寫的這些，要是你有特別想吃的，我會做，我也可以做給你吃。」。

請記得，財富自由代表的是一種生活可以有「選擇的權利」。今天不論你開餐廳、買車或去非洲參與援助孤兒，任何事都一樣，只要你可以「做真正想做的事」，可以自在「選擇」我要或不要，不必顧慮資金來源、生計問題，也不用被任何人以金錢的理由「卡」住，這才是真正的財富自由。

　　以此來說，本章篇頭那位不想上班的兒子，當然不是財富自由，他只是放棄工作，但一天兩天後，他將煩惱沒錢吃飯，沒錢繳信用卡費。

　　財富自由就是不再為錢所苦。

　　財富自由就是可以做自己喜愛的事。

　　財富自由就是可以讓生活多一些選擇，讓生命更有價值。

　　財富自由就是通往嚮往生活的道路：過幸福快樂人生的重要步驟。

幸福人生才是終極目標

　　要區別清楚的，財富自由跟人生幸福快樂，可以是兩件事。可能很多成功的人兩者兼具，也有很多並非如此。例如某個億萬富翁他的錢很多，夠他家族就算揮霍個兩、三代也不虞匱乏。但他就一定快樂嗎？那是兩回事。他可能只是個有錢的窮人，也就是戶頭滿滿、但心靈空虛或充滿孤寂的人。

　　相較來說，如同第二章我曾提到的，有一對做資源回收的老夫婦，他們辛苦工作，遠遠不及財富自由，但他們卻願意捐錢幫助孤兒弱勢，並且覺得做這件事天經地義，沒有壓力。盡其所能，樂在其中。

　　多數人都想追求財富自由，但絕不要誤認為，財富自由就

是人生追求的終極目標。如同前面所說，財富自由是重要的，因為可以讓我們在生活中擁有「選擇的自由」。

講到此，那是不是每個人都知道自己要什麼呢？所以本書一開始才從自我覺察做起，因為如果根本就不知道自己追求的是什麼，那麼財富自由只是個假議題。

現在你可以暫時停下來，閉上雙眼想像一個狀況。今天你因為某種理財規畫適當，讓自己財富自由了。你每個月就算不工作，也有現金流可以支付你所有的支出。那你接著要做什麼？有位學員 Becky 曾和我分享，當她財富自由的那天起，嚮往著遊山玩水，開始背著行囊到處旅行，從前覺得享受著這樣很的喜悅與浪漫，初始新鮮感過後，約莫十個月，開始覺得每天到處旅行到後來也會累，甚至當旅行變成一種義務，也就是設定目標，要去遍每個國家之類的，有一天邊旅行她想著，我為何要為自己找罪受？搭長途飛機經歷顛簸亂流、時差，然後還要在人生地不熟的地方走得雙腳疼痛？

也許許多從前你自以為嚮往的東西，只是一種相對於辛勤工作的對比渴望，就好比當一個人搬東西搬到汗流浹背，他會超級渴望喝水，但當喝飽水後，水接著就又被棄之一旁。

到底什麼是你想要的？這點是每個人必須想清楚的，甚至這是一生的課題。

當然，也並不是說你要想清楚人生意義才能追求財富自由，畢竟財富自由不是你今天想要，明天就可以擁有。你需要

時間去投入，必須提醒你，一方面學習本書提供的理財觀念，一方面也真的要去思考在人生路上，你做什麼事會開心快樂。

很多時候，「擁有財富」這件事或許是一種基本保障，是一種安全感，但不代表有過多的財富，就必須抱持什麼人生義務。甚至對許多人來說，可能他並不渴望過多的財富，一切只要夠用就好，重點還是「自由」。所謂自由，才是他們追求的重點。

例如我認識的一位阿姨，她在高雄的小鎮開麵店，那麵之便宜，被稱做「佛心來著」，甚至被媒體報導「銅板價也能吃得到的美味」。難道這樣賣麵不會不敷成本嗎？答案就是這位阿姨根本不缺錢，她曾擁有很多房地產，子女也都長大有成了，她開麵店只是喜歡煮麵，喜歡有自己的有個場所可以和熟人聊聊天，煮麵給低收入辛苦工作的勞工朋友們，讓他們能有一餐的溫飽，這樣的境界也很自在愉快。

或者有人就算退休，存的錢也夠他過滿意的生活直到終老都沒問題，但他還是願意繼續當他的郵差，當他的水泥工，只因他樂愛他的工作。他如此愛工作，就算客人經濟困難沒錢支付，他也願意免費服務，這完全不影響他的經濟。

舉了那麼多例子，就是要確認你完全了解財富自由的觀念。接著，再來談如何財富自由。

財富自由與工作快樂的關係

沒有人不期待自己擁有更多選擇權,因此基本上每個人都可以追求財富自由。或許有人不想追求財富自由,不是不想,而是不了解怎麼做。

財富自由的基本公式很簡單:
每月不用透過工作的常態收入-每月常態支出 > 0

不論你從事什麼工作,就達到財富自由的第一步了。

舉例來說,你每個月固定支出必須支付 3 萬元,現在你有個穩定的投資,每月固定為你帶來 31,000 元的淨利,這樣表示你正在財富自由這條路上。

從這裡我們可以看到:

1. 財富自由跟富翁不一定是同義詞,一個人可能是大老闆,月入 300 萬元,但他每月的辦公室開銷也要將近 350 萬元,他表面看起來雖然是富翁,但實際上他甚至可能比他的員工還窮。

2. 財富自由是將數字與實務的結合,跟個人自我設定有關。本案例裡,假定每月 3 萬元就夠生活,倘若哪天因為有了新的興趣,每月支出需要 5 萬元,你就又變回不得不工作才能支應生活的人。

本案例只是假設的情境，實務上的財務自由，當然要顧及更長遠的未來，好比一個人不可能永遠每個月只需要 3 萬元，例如當年老時可能也要支付很多醫藥費，這部分也要算進去。後面會正式介紹理財的計算方式，這裡只提供一個概念，那就是只要找到一個適合自己的投資管道，讓自己每個月的常態收入可以大於常態支出，那就算財富自由了。請注意，如果收入不穩定，有時多有時少，那就不能算常態收入。

今天不論你是上班族也好，或者自己開店當小老闆也好。都可以由第一步開始，讓自己朝追求財富自由（以及真正的終極目標：幸福人生）邁進。

以下分三個啟動步驟來說明。

一、認清何謂財富自由，以及釐清自己和工作的關係

切記！追求財富自由，不能成為逃避現有工作的藉口。也就是說，你不能因為討厭自己現在的工作，因此才想著如果可以財富自由那該有多好？

在本書前面章節也介紹了如何調整自己面對工作，也要適切提升財富溫度計，讓自己的收入能穩定、持續的逐步提升。這裡談到財富自由，又是另一個領域的追求，你可能透過投資理財最終達到了財富自由，但無礙於你繼續在你原本的工作領域上，追求更高更好的境界。

工作與財富自由的關係：

1. 因為找到財富自由的動機，所以讓自己工作更可以無後顧之憂。不必因為擔心被老闆罵才工作，而是真的樂在工作。

2. 投入自己最擅長的工作，發揮自己的特質天賦。那麼肯定也會有助於你更快達到財富自由目標。

3. 若還沒找到真正很熱愛的工作，有可能你現在的工作正在累積你未來可用的經驗。

所以工作這件事，雖然可以和財富自由分開來談，但合起來又是相輔相成，彼此可以形成正向循環的。

二、真正把財富自由這件事，列入自己的人生目標之一

過往的你，可能沒特別接觸財富自由概念，或者接觸過但總以為那是有錢人才可能辦到的事。我要告訴你的是，任何人都有機會可以達到財富自由，前提是你願意把這件事列入你的人生進程裡。也就是說，你願意讓自己每天的行程安排跟財富自由有關。

好比說，從前的你下班回家就是看電視、追劇，每到晚上固定逛夜市大吃一頓，也愛去買些想要的飾品，讓自己成為月光族。如果真的想要追求財富自由，那你的理財及生活規畫是不是願意調整？

三、心境上，是否能做到不忘初心，專注本業？

再次重申，財富自由不是人生的終極目的，包括金錢本身，它是方便我們做選擇的工具，除非我們人生的定位是讓自己成為守財奴，否則我們要訓練自己，不要忘了自己快樂的根源。

假如你熱愛烘培，也喜歡聞著麵包香，以及看著客人抱著一袋袋麵包感到很幸福的樣子。那麼，假設你今天突然中了樂透彩，成為億萬富翁，你明天還依然愛聞麵包香，願意親手為客戶遞上你親手烘培的麵包。

心是最重要的，若賺大錢反倒讓自己的心被蒙蔽了，那財富反倒是悲哀。唯有想清楚了，才不會讓自己反倒被「財富自由」這個願景困住，這樣的人也不會輕易碰到詐騙事件，畢竟所有的詐騙事件都是根源於心中貪念，才讓歹徒有機可乘。

在做了這些基礎信念建立後，下一章來談如何達到財富自由具體作法。

基礎練習

1. 現在的你快樂嗎？是什麼讓你感到快樂呢？如果不快樂？是哪個環節不快樂？這個不快樂跟金錢什麼有關嗎？人、事、物、金錢⋯⋯？

2. 是否追求財富自由，符合你的人生價值？如果是的話，審視你現有的工作以及生活，是否正朝財富自由的方向走？

3. 如果不是，那你對未來有什麼計畫？可以寫下你的需求跟困擾，有機會跟本書作者討論。

第十二章
擁抱財富也要自在的擁抱快樂

有一個國王要出遠門拜訪其他國度，他有三個兒子，臨行前他交給每個兒子一枚金幣，要他們好好珍惜，一年後他會回國看這枚金幣應用的狀況。

經過一輪寒暑後，國王從外地歸來。休息一晚後，隔天早晨就召見三個兒子，要查看每個人金幣應用的狀況。

長子畢恭畢敬的獻出一個盒子，他對國王說：「父王，我很珍惜你給我的金幣，我把金幣放在貴重的盒子內，並請衛士日夜守護，如今完璧歸趙，也算不辱父王交付。」

國王看了搖了搖頭。

次子則拿出一袋金幣來，得意的說：「報告父王，我知道父親要我善用這金幣，於是我就將其作為本金放貸，一年下來，已經從一枚金幣，回收到二十枚金幣了。」

國王輕輕點頭，微微讚許。

至於小兒子呢？他手上沒拿任何金幣，國王納悶的問他怎麼回事。

結果小兒子推開窗戶，指著窗外：「父王，看到了嗎？那裡有間工廠，是我從一開始投資小磨坊生產獲利，持續將賺得的資金再滾入，後來拓展成如今的廠房，父王要金幣，這工廠每天都會結算給您。」

國王終於展露笑顏。

金錢就是要拿來應用生財的。

找到正確投資標的，帶來常態非工資收入

複習一下財富自由簡單的公式：

每月不用透過工作的常態收入－每月常態支出＞0

以最簡單的邏輯來看，任何人想要打造財富自由，有兩種做法：

第一種是打造一個每月不需要透過工作就有的進帳，第二種是減少每月常態支出。

特別要說明的，上述第二種，也就是減少每月常態支出的部分，有賴於每個人當確認自己要追求財富自由時，是否意志堅定。當設定目標，例如想要兩年內存到第一桶金，那你願不願意至少在這段期間內減少某些開支，好比說戒掉吃消夜的習慣，一個月原本看四場電影改為只看一場等等。假定原本每月固定支出 2 萬元，當減少為每月 15,000 元，差額是 5,000 元，一年下來是 6 萬元，兩年也超過 10 萬元了。

這裡主力重點還是放在如何打造一個每月常態進帳的收入：也就是大家常說的「非工資收入」或「被動收入」。

許多老師們為何非常推薦房地產，包括我也是如此，因為所謂的非工資收入必須具備以下幾個條件：

- 必須是穩定的進帳，長期維護持有，可增值，可週轉。
- 這進帳的金額必須足夠大到涵蓋一個「無工作報酬者」其整體常態支出。

　　以上兩個條件，不但須同時擁有，並且要能持續擁有很久，最佳狀態是延續「一輩子」。

　　以這樣的角度來看，房地產的確最可能符合這樣的標準。

　　如同「富爸爸窮爸爸」系列有提到的，**值得推薦投資並且可以帶來「常態非工資收入項目」主要有三個：有價證券、房地產以及企業。**

　　結合前面提的三個非工資收入條件，有價證券若要做到收入可以大到常態涵蓋每月的支出，有可能需要的本金較大。好比說單買一個長期的基金，假定每月穩定報酬達到 10％，若每個月要有 10 萬元收入，也就是一年有 120 萬元收入，則本金至少要有 1,200 萬元，並且這些錢必須來自自有資金。相對來說，投資房地產也許投資金額也需要上千萬元，但是卻可以透過財務槓桿，以有限的自備款以及運用銀行的資金（貸款）就可以達到。

　　另外，以企業來說，這裡所說的企業，指的是必須擁有一個簡單的系統，可以達到複製效應的。這會是一個很棒的課題，並且是可行的，同時與房地產結合，先置房產再創業進駐於房產，是很棒的商業模式。

　　在本書中，講的是大原則，所以只要符合可以帶來常態穩健非工資收入的，結合本書原理，都可以套用。

　　以下來分析，如何規畫出這樣的非工資收入。

維護非工資收入三法則

常態非工資收入法則一：長期持續收入，勝過短期暴利

以房地產為例。如果一個人進入房市，採取的是經常性的買低賣高，那其實就是一種買賣事業，嚴格來說這並不算「非工資收入」，就好比我們進一批水果來賣，賺差價，這叫做生意，不是非工資收入。

相對來說，當我們擁有幾戶房產，有著固定租客，以及每月固定收租。這些收入就算我們出國旅行或在家休息，甚至長時間不去搭理，也一樣每個月會在戶頭裡有錢進來，這才是非工資收入。當然，還是偶爾會有必須維修電燈泡、與房客簽約等事，但這些偶一為之，不列算為工作，並且也可以外包給代租代管的事業或管理者來處理。

長期持續收入的重點，可以假想今天你已經年過七十，行動比較不方便，但仍有許多生活花費，這時候的你，也不太有精力工作，好消息是銀行戶頭仍持續有錢進來，這樣不是讓人感到很有安全感呢？

這就是財富自由的基礎境界。

常態非工資收入法則二：想要常態收入大，本金要足夠

所以這也是很現實的，就算我們用最樂觀的角度想事情，

也不會告訴一個年輕人，你「立刻可以讓自己擁有財富自由」，因為那是不可能的。

最可以認知這個道理的，就是在財商界很流行的「現金流遊戲課程」，這課程中的遊戲可以為不同產業上課給予註解，做客製化課程。

（讀者若對此有興趣，歡迎掃描下面的 QR code 了解詳情）

LINE@

WeChat

每個遊戲都會有最終贏家，但絕沒有一個贏家可以一開始就輕易致勝。遊戲裡沒有設計什麼「突然抽到大樂透」或「繼承親族大筆遺產」這種事發生的可能，因此遊戲致勝的關鍵點，永遠都是要設法產生「第一桶金」。

實際人生亦是如此。

老師推薦的作法：

1. 有多少本錢，就先據以產生累積相應的資本。
2. 小資本終究累積成大資本後，就可以真正做大投資。

　　舉個實例,如果一個人只有存款50萬元,這算是筆小錢,用來發展非工資收入不太夠。但即便是小錢,也可以生出相應的資金,藉由槓桿原理,好比說我們買進一間總價150萬元的套房,這房子雖小,只要事前做好投資規畫也能獲利,最終假定市價200萬元,你以195萬元賣出(為了方便說明,這裡暫不談房屋稅、仲介費等細節,之後舉例亦同),那麼這筆投資就可以獲得45萬元利潤。

　　因此我們追求非工資收入前,經過計算,若投資需要的本金是100萬元,那麼經過二、三次這樣的交易流程,也就可以累積出100萬元的本金,據以做更大的投資。

常態非工資收入法則三:要設定獲利標準,見好就收,見不好也勇於退場

　　其實這世界上沒有百分百獲利保證的投資,只有相對機率高或低的選項。

　　以房地產來說,的確比起買賣股票、期貨等是比較穩健的選擇,就算如此,也有很多人投資房地產失利的。只不過比起其他投資,房地產再怎麼價格下跌,房子還在,不賣就不會虧。何況我們講究長期收益報酬的前提,是以收租做為主力的。

　　這裡指的獲利標準設定,是假定我們在累積第一桶金的過程發生的狀況,不論是我們用有限資金貸款買房子,或者有人投入股票買賣、投資企業道理都一樣。我們必須預先設定一個

獲利上限以及停損點。

並且任何的投資，有三個基本投資心法：（切記！）不懂的，不投資／投資前，估風險／量化投資額，不影響生計。

假定你工作幾年，存了 30 萬元，這 30 萬元你若拿來投資，內心會怕怕的，會擔心若忽然有急用怎麼辦？或者你覺得你現在的公司似乎經營不太穩健，有倒閉的可能，因此戶頭還是必須存些錢備用。這表示對你來說，投入 30 萬元這筆錢已經超過你的風險底線。沒有關係，其實財務規畫這件事本就非常有彈性，每個人的財務風險容忍度都不同，若投入 30 萬元對一個人來說風險太大，調整成 5 萬元可不可以呢？也是可以的，一樣可以透過先做 5 萬元額度的投資做理財。

提到投資，這裡要講所謂的「見好就收」。假定你投資一間房子，你 150 萬元買進，打算 180 萬元賣出，等到真的漲到 180 萬元時就要賣出，因為那是你設定的標準。千萬不要內心起了貪念，認為房子「似乎」還會漲到 200 多萬元，當貪念起，事不圓。結果後來可能發展未如己意，那就後悔莫及了。

反過來看，在資金需求下，設立停損點道理也是如此，假定你 150 萬元買進，設定若跌也不要跌到 135 萬元以下（10%停損），但後來真的經歷房市震盪，你買的那一區遭受重大影響，房價跌到 135 萬元了，就趕快停損賣出，不要再心存僥倖，設想也許明天又會止跌回升，今天想、明天想、後天也這樣想，

結果房價持續探底，就會欲哭無淚。有價證券和投資企業或創業，亦是如此。

當然，任何投資都是一樣的，人沒有永遠都處在順風的，難免會有不如意時，在追求財富自由的路上，這條定律告訴我們，就算失敗了，你也不要停在那裡。這只是追求目標過程中的一處山坳，你仍得繼續走下去。因為長期來看，你還是要追求你的財富自由。

關於金錢你我都該知道的基本觀念

關於金錢，這裡要補充一個很重要的概念。

那就是：錢留在身邊不用是會變「小」變「少」的。

這裡指的當然不是錢被誰偷走，但其實某個角度來，說被偷也沒錯，但不是被「人」偷，而是被「時間」偷走。

假定有個親族遺留下一筆龐大遺產，這筆錢就放在銀行戶頭，每個月你就有利息可以領。這當然也算是「非工資收入」，若這筆錢夠大，足夠支付每月常態支出，那也等於是獲得財富自由。

不過這筆錢放在銀行，不一定能保得住晚年的生活。舉個最明顯的例子，大家都知道，將時光倒退四十年，在那個年代，如果手上擁有 100 萬元，那可是非常大的數目，在臺北市忠

孝東路買一間套房子綽綽有餘。然而，當年的 100 萬元若沒有做其他投資，只是放銀行定存，以最寬鬆的利率計算，即便 40 年後，100 萬元利滾利變成 200 萬元了，200 萬元在現代也不能算是大錢，不要說買忠孝東路房子，就連任何臺北地區房子都不太可能買得到。

假定當年的規畫，以那 100 萬元生息來做為每月花用，四十年後，200 萬元的利息多少呢？一年不到 4 萬元，平均分散十二個月，一個月不到 4,000 元，這可以過生活嗎？

假定你現在獲得了一筆遺產，也是不做投資，只想放在銀行生息，同樣的，三、四十年後你也會發現，「時間」偷走了你的錢，當通膨讓一碗麵漲價到現在的兩倍，你的銀行存款卻不會變兩倍。這樣子存那麼久的錢又有多大的意義？

這是任何一個想要追求財富自由的人一定要知道的基本常識。畢竟，從前時代一直流傳下來很多老祖宗的箴言，例如「勤儉致富」、「堆沙成塔」、「保守理財，穩健至上」，基本道理是對的，應用上要懂得變通，如果太「保守」，人生的晚年就可能無財可「守」了。

關於金錢，另一件很重要的事，就是金錢是可以被創造的「數字」。這裡強調的「數字」意思是指，實務上可能一筆錢只是帳面數字，而非實際上的鈔票。

一個簡單的例子，今天你拿著 1 萬元去通信行買了一支手機，通信行老闆又拿這筆 1 萬元去百貨公司買了 10 張 1,000

元禮券，要致贈給員工。百貨公司會計第二天把這 10 張 1,000 元存入銀行。於是現在你手上擁有 1 萬元的商品，通信行老闆擁有 1 萬元禮券，百貨公司戶頭多 1 萬元。這樣子看來總價值是 3 萬元，然而實際上從頭到尾都只有 1 萬元。

可以說金錢也是一種用來流通創造的媒介，因此我們用錢的人，要善用金錢的一個特質，那就是「額度」。

所謂額度，就是我明明沒有那麼多的錢，但實際上我卻被允許可以「動支」更多的錢。在臺灣假定你沒有信用瑕疵，且每個月有常態收入（需附上薪資證明）及信用卡使用正常（不動用循環利息）的前提下，銀行可以貸款給每個人最高的「額度」是個人薪資所得額度的 22 倍。

也就是說，當一個人在朝財富自由之路邁進時，你可能是剛入社會工作的年輕人，你至少要有個概念，你可以動用的錢不是只有你存款裡那少少的幾萬元。當然，為了創造更大的槓桿效益，給年輕人的建議是累積更多的實力，設法讓自己的價值提升，薪資變高，因為金錢是價值的交換，或者創造自己的信用額度。

例如薪水 3 萬元跟薪水 5 萬元，可以設定額度的金額差距就高達幾十萬元。

最後必須再次強調，金錢不是大家該追求的終極目標，包含財富自由這件事也是如此。下一篇我們再來談更全面的成功人生。

基礎練習

1. 有關退休（退休不是單指勞基法定義的退休，也包含年輕就可以財富自由方式的退休）

我今年_____歲

我預計_____歲退休

距離我退休還有_____年

2. 若要做到財富自由，退休無虞，

我每月必須要有多少收入？

我現在每月的收入多少？

以我現在的收入，可以滿足讓我退休後財富無虞嗎？

3. 我該如何訂定財富計畫？

寫下我的狀況與困惑，可以跟本書作者討論。

第五篇　嚮往的心生活
財富與人生篇

若以成功的人生來說，
金錢只是過渡，是用來換取更大珍寶的媒介。

第十三章
幸福的人生習題

提起投資，許多人第一個想到的是金錢。若以成功的人生來說，金錢只是過渡，是用來換取更大珍寶的媒介，好比說用金錢換取家人健康，以及陪伴家人的時光等等。

關於投資，春秋時代有個很知名的故事。齊國孟嘗君善養士，有人推薦他一位叫做馮諼的人才。初始，這個馮先生好像看不出有什麼才能，只是個吃閒飯的食客。某日，孟嘗君貼出布告，徵求可以替他至封邑薛城收債之人，馮諼自願前往。

臨行前，馮諼問孟嘗君：「債收完了，要買什麼東西回家呢？」孟嘗君回答：「看我家缺少什麼就買什麼吧！」結果這馮諼到薛地後，當著眾人面前，把所有債券銷毀，不但一毛錢都沒收，還等同免除眾人的債務，當下民眾高聲呼喊萬歲。

回來後，孟嘗君問他買了什麼？馮說，他看孟嘗君家裡豐衣足食，什麼都不缺，所以他幫孟嘗君買「義」回來。但什麼是義呢？根本就是沒收債回來嘛！孟嘗君雖感無奈，也不能如何，當下要馮諼下去休息。

直到一年後，孟嘗君失寵被削職退回封邑，得到萬民擁戴，他終於才知道當年馮諼買「義」的重大意義。

第一桶金及人生發展基礎

在第三篇曾說過，人生三個方向的自我操練，最終要成就工作、家庭以及人際關係，這三個面向同時擁有。

這三個面向，都沒談到金錢，卻都跟金錢有直接或間接的關係。

可以說，世人不容易獲得幸福的根源有三種：

1. 一種是太過重視金錢，最終忘了金錢只是過程不是目的，卻在追求金錢過程中，帶來這三個面向失衡。有的工作操勞過度，身體百病叢生，老來與病床為伍；有的為了打拚事業忽略家庭，或者行事不擇手段，搞壞人際關係，最終人生仍是不快樂的。

2. 一種是太過看輕金錢，把金錢做錯誤的詮釋。有的認為有錢人都是為富不仁；有些人自我安慰，金錢是俗物，人生應該追求精神層面富足；許多人一開始就自認自己不是致富的料，於是「心想事成」，真的你不理財，財不理你。

3. 多數人則處在兩者中間，想要理財卻又不知如何是好，所以本書不是理財祕笈，卻又務必要多多傳授有關理財的重要。

「財富自由」不該是一種「選擇」，可以的話，應該是一個「必須達成」的任務。若能越快達成，就代表人生可以擁有

更多幸福的選擇。所以在講述人生綜合成功前，仍要對整體財富自由的模式做一個總整理。

任何人，不分年紀，就算已經年過五十，依然要設法把握時間建立一個「自動生財」的機制，或許傳直銷業或保險業是一個相當不錯的商業模式。

打造財富自由不敗公式

追求財富自由，任何人都該設定這樣的目標。越早越好，如果從前沒有設定，那就現在設定，任何時候都可以開始。

簡單來說，「投資」分成兩大步驟：

第一步：你要存第一桶金。

第二步：你要將錢投入年報酬率至少 30％的標的上。

確實的執行這兩個步驟，就可逐步朝財務自由邁進。

在此財富自由（準備好投資的第一桶金）設定的標準：

每月總支出乘以 40 倍，就是你必須要準備的第一桶金額

假定你計算每個月的固定支出需要 4 萬元，那就是你的第一桶金，必須要有 40,000X40 ＝ 1,600,000

當以這 160 萬元作為基礎，投入 30％投報率的項目，換算的報酬：

160（萬）X30％＝ 48（萬）/ 年

48（萬）÷12（月）＝ 4（萬／月）

如上式所示，足以支付長期的每月 4 萬元支出，就算一個人沒有工作收入，靠著這筆收入也可以過生活。

以年輕人來說，時間就是本錢，如果在 25 歲就開始做規畫，那麼財務槓桿的效益就越大。

第一桶金的打造

時間就是金錢，如果年輕人有足夠的後援，例如許多年輕人的第一桶金都是來自於長輩，若有這樣的錢就要好好應用，早點投入財務槓桿（好比說房地產或金融商品，包括保險），當然這筆錢日後也可以再回本後還給長輩。

但如果沒有這樣的長輩支援，那麼還是要採取最傳統的方式：存錢，一步一腳印來存第一桶金。

所謂一步一腳印，可不是「慢慢來」的意思，這裡必須設定一個存錢公式：

大部分人的存錢方法是：
這月總收入—這月固定支出＝每月剩多少

這剩下的錢，還要分給額外支出，其餘的才能儲蓄或投資，正是因為如此，許多年輕人都存不了什麼錢。因為總會突然有各種額外支出，吃掉原本可以投資的錢。

　　這裡告訴大家，如果初始連第一桶金都沒有，那你必須採取的存錢方式：

這月總收入－每月要存錢的金額＝這月還剩多少可以花

　　聽起來很難，其實是觀念調整，若願意做個微調，人生結果將大大不同。特別是對年輕人來說，這是必要的步驟。

　　再次強調，時間就是金錢，也等於生命，一個等到 35 歲才存夠第一桶金做投資，跟一個到 28 歲就存夠第一桶金做投資的人，其差別可不只是七年的等差數據，而是複利式的等比差價。可能當滿 35 歲的人存夠錢要投資時，那個 28 歲就開始投資的人，已經身價好幾百萬了。

　　因此，在存第一桶金的過程中，生活適度的縮減或調整是必要的。

　　為了因應這樣的思維，我們鼓勵年輕人去思考，什麼是自己真正的需求。在消費時，哪些是「需要」買的？哪些是「想要買」的？這是必須釐清的觀點，需要花費的，例如每天三餐不可省，但一定要吃到山珍海味嗎？或者手機是工作及生活必需品，但有必要買到一支 2 到 3 萬元（甚至更高），我們真的需要那麼高檔的功能嗎？這些都是可以思考的。重新審視自己的日常開支，以存第一桶金為目標，很多生活消費習慣都可以調整。

　　當思考清楚了，集中火力存錢。

假定你月薪 25,000 元，暫時與爸媽一同住在家裡，設定每月至少存 15,000 元。那就是每月拿到薪資後，第一件事就是轉 15,000 元到儲蓄帳戶，剩下的錢才是你這月可花用的錢。當然，如果真的日子過不下去了，你就不會這樣設定，當我們設定這 15,000 元，就是判斷可以達到的，並且是你要的。（此處為範例，你可依自身情況調整。）

如此，一年就可以存 18 萬元，三年可以存 54 萬元。這時候就可以開始練習做最小額的投資，目標仍是累積第一桶金，也就是每月固定支出的 40 倍。

另外，在公式不變的情況下，為了增快速度，那就是設法增加收入，包括找到兼職或者本職被調薪等等。總之，設定目標後絕不妥協，要讓自己真的在所設定的時間內擁有第一桶金。短期的辛苦，是為了長遠真正財富自由的未來。再次強調，辛苦一陣子，不要辛苦一輩子。

投報率計算

假定我們推算每月若沒工作報酬的情況下，至少需要 4 萬元才能過基本的生活。以此換算出要存到 160 萬元，做為投資的本金。

我們要找的標的是年報酬率 30％以上的。這裡還是以房

地產做例子，實務上，有專家們在不同的投資工具上，例如選擇權或新創事業投資等等，達到 30％以上報酬，這非通例。相較下，還是房地產透過銀行的資金（貸款）是比較能有穩定高投報率。

　　舉例來說，假定我們買了一個 150 萬元套房，順利出租，開始創造每月非工資收入。假定套房租給學生，月租收 8,000元，這樣的「總資金投報率」是多少呢？

8,000（租金）X12（月）= 96,000（年租金收入）

96,000÷150 萬 = 6.4％

　　這樣的投報率已經不錯，比現行銀行定存高出許多，但離30％的投報率還有很大的差距。

　　且慢！別忘了，我們可以貸款買房子。所以 150 萬元的套房，假設可以貸款 8 成，實際上只要出資 30 萬元，其餘 120萬元都是貸款。

　　因此真正的「資金投報率」計算：

8,000（租金）X12（月）= 96,000（年租金收入）

96,000÷30 萬 = 32％

　　這就符合投資不敗公式，也就是 30％的投報效益標準。

　　以資金比例來看，可能第一桶金先存 50 萬元，其他透過貸款製造槓桿，或者搭配適當的親友借款或募資等等。必須有自備款，才能讓 30％投報效益產生。

　　另外許多人有個誤解，以為有所謂的「零頭期款」，也就

是全額房貸。實際上，就算有也是特殊案例。正常情況還是要準備自備款，並且有個現實的狀況，那就是即便我們可以申請到高額貸款，那筆錢也不是即刻可以動支。也就是說，當購屋流程啟動後，有許多的步驟，包含第一期款付訂金，之後付第二期款乃至於付稅金及代書費等等，經常都是要先由購屋人直接拿出來，那所謂的銀行貸款，此時都還在跑流程呢！很可能最終要等到交屋時才撥付。

因此，用槓桿創造財富自由雖然很重要，但扎扎實實的第一桶金，是絕對無法跳過的一環。

累積金錢也要累積人脈

前面談的都是金錢的累積，接下來，我們開始要談到另一個也是很重要的累積，那就是人脈的累積。

實務上，人脈的累積也和財富累積有密切相關。重點是在人脈累積時，不刻意以財富為目的，最終財富卻會依著人脈而生。

同樣的，人脈累積和財富累積一樣，都是越年輕投入越好。並且這個累積，一樣有「衍生」效應，其效果甚至比資金累積還大。

例如透過適當理財，在擁有第一桶金後，選擇投報率

30％以上標的，可以幾年後打造出第二桶金，那是翻倍的概念。同時以人脈投資來看，當我們選對人脈圈，其創造的影響力，包含對的人介紹另一個對的人，以及不同朋友的專業交碰出的多樣火花，一方面可以讓我們事業商機變得更大，其影響力遠大於預期的想像。一方面也因為提升我們的格局、激勵我們的信念，或者啟迪我們的多樣思維，對人生的蛻變有深遠影響。

我經常比喻，就好像金錢不能只單看數字，還要看放在什麼地方，例如若錢只放在銀行，有可能年復一年被通膨吃掉。人脈也是一樣，不要只看數量多寡。

進入網路化時代，現代年輕人每天都是低頭族，有時反倒快與現實生活脫節了。不論如何，在此我就以現代人的交友習慣談人脈這件事。你手上都有至少一支手機吧？相信也都會加入各種群組，例如 LINE、微信及臉書吧？看一下 LINE 的好友人數，你「真正」擁有多少個朋友呢？有人說我有 500 個，有人甚至有 1,000 個以上。

數字感覺很大，這些所謂的朋友是真的朋友嗎？如果只有每天聊天打屁，問聲早安、午安、晚安，若哪天走在路上相遇，甚至彼此都認不出來，那有何意義？

所以人脈是需要經營的，不是到處加臉書就算朋友。以我本身來說，我有很多朋友是醫師、律師、會計師、企業家或者不同領域專業人士。我不是因為他們的身分才去認識他們，重

點是當我去參加一些團體、各類活動，好比說參加公益活動或獅子會之類的國際社團，自然而然就結交了很多朋友。別的不說，最起碼當有餐敘時，你再怎麼不擅社交，也至少會和同桌互動交換名片、LINE、WeChat 或是 FB 吧！這時候就開始建立關係。

人脈最終真的跟財富有關。

舉個實例，我喜歡打羽球，也跟好友去打羽球，在那裡又認識了其他企業家及各行業的球友。在球場上我們不談生意，也都不是為了刻意認識誰而與人互動。

聚會久了，當然彼此就會知道，某某某是建設公司老闆，某某某是投資達人。當打完球一起聚餐，聊著聊著，建設公司老闆知道我有在房地產教學、在企業做培訓、協助打造團隊，知道如何協助個人、主管或企業主能在成就的路上有教練協助，也會適度放出一些資訊，他底下有某批建案剛完成，可以用員工價賣給我，或他公司人員需要培訓，凝聚向心力，有企業主需要教練在旁隨時調整自己，提升組織成長或突破等等。那個價值可能就上百萬元，這是不是財富？這財富不是我們刻意去求來的，而是因為人脈的緣分自然而然發生的。

因此，對於任何人，特別是年輕人，建議時時保有兩本實用的帳戶，一本是資金帳戶，一本是人脈帳戶。經常維護，時時提升，兩者皆是一生重要的財富。

基礎練習

1. 我的第一桶金目標是＿＿＿＿＿＿＿＿元
（公式：預計每月固定的支出，乘以 40 倍）

2. 依我的現況，我要多久才能達成第一桶金目標？

3. 我目前找到 30%的投報率工具？

4. 目前的我要達到財富自由，接下來可以做些什麼？（至少三個行動方案）

第十四章
通往財富的路也應該通往幸福

有個年輕和尚去街上化緣，走到某個街角，突然聽到前方有喧鬧聲，似乎有什麼熱鬧的事在進行著。年輕和尚一看，果然那兒圍了一群人。基於好奇心，一方面也想著若碰到有人需要幫助，他也可伸出援手，於是年輕和尚趨前去湊個熱鬧。

一看不得了，竟然是有另一個中年和尚在那邊表演拳腳功夫，看起來真的招式俐落扎實，虎虎生風，引起滿堂喝采。表演完畢，和尚雙手合十，接著拿著銅缽一一請現場觀眾投錢。

等人潮散去後，年輕和尚上前和中年和尚寒暄，但臉上難免有不悅之色被對方看出來了。於是中年和尚就笑著說：「這位小師兄，你心中有什麼不滿悅儘管說出吧！」

年輕和尚於是憤憤不平的說：「出家人應該六根清淨，不貪求錢財，你不但刻意表演求財，還拿銅缽一個一個去要錢，這樣對嗎？」

聽畢，中年和尚哈哈大笑：「小師兄，心是意念的投射，你眼中在乎的是金錢，所以斤斤計較著我在賺錢。在我眼中其實只看到廟裡需要供養眾生的需求，這些錢是要用來救濟山中貧苦人家的。」

知道始末後，年輕和尚連忙道歉，訕然離去。

對你來說，賺錢容易嗎？錢在你眼中是什麼呢？

找到賺錢的動機

提起金錢，或前一章你所設定的第一桶金，接下來會有兩個關鍵問題：

第一，怎樣賺到這筆錢？

第二，多久賺到這筆錢？

可以說，放眼世間大家汲汲營營的奔忙，都難免被這兩件事所牽引。

一、怎樣賺到這筆錢？

1. 我想要賺到這筆錢，並且也能做我喜歡的事。
2. 我想要賺到這筆錢，為此就算工作再辛苦也沒關係。
3. 我想要賺到這筆錢，同時得到一定的地位。
4. 我想要賺到這筆錢，這是不得已的，因為我已沒有退路。

同樣是賺錢，可能一百個人背後就有一百種故事，也許賺到的錢是一樣的，但「怎樣」賺的心境卻不同。

二、多久賺到這筆錢？

1. 我要每月有一筆穩定的收入。

2. 我要以最快速度賺到 100 萬元。

3. 我要每天都有現金流進來。

4. 我要比起一般同年紀的人，更快賺到大錢。

以上每個形容，都跟「快」有關，但評量標準不同，賺錢的思維也就不同。

不同的思維，決定了我們每一天的行動力。

許多人看起來行動力不夠，主要就是因為，他們沒有想清楚自己人生真正想要什麼，也因此在賺錢時少了強烈動機，一個少了強烈動機的人，當然就只會有著過一天是一天的生活。

或許有你會好奇，誰不想要賺錢啊？有多少人會說，給他 5,000 萬元他不要，而寧願去海角天涯流浪嗎？看似人人想要，但有「真的要嗎」？

什麼是真正想要，讓我們來舉些實例吧！

有一天，某個企業家族的長老召集年輕人一輩開會，會前大家就聽聞，可能長老要資助年輕人一些錢，人人都喜形於色，心想有錢了有錢了。果然，到開會時刻，長老真的提到要給每個家族晚輩一筆錢，並且金額高達 5,000 萬元。不過前提是，要清楚說出怎樣應用這 5,000 萬元。

長老他問第一個年輕人：「假定我現在就拿 5,000 萬元給你，然後呢？你有這筆錢了，明天你要做什麼？」

第一個年輕人聽到就愣住了，一下子回答不出來。接著長老又一一問大家，雖然有一個年輕人被問，後面的年輕人已經知道要被問什麼問題了，但是在短時間內，還是沒有人可以說清楚他要 5,000 萬元做什麼。就算臨時想到理由也都很生硬，不具說服力。最終，長老沒有發出 5,000 萬元給任何一個人。

現在你也可以想想，如果現在你有 5,000 萬元了，你要做什麼？

其實，嚴格來說，任何人還須要「想一下」，或有任何的猶豫的，那都不算真正想要那筆錢。

真正很想要這 5,000 萬元的企圖心與動機，可以舉幾個的案例，例如：

- 我的孩子被歹徒抓走，我要拿 5,000 萬元才能把他贖回來。

- 我想開一家海賊王主題餐廳，裡頭的服務人員都打扮成海賊王的人物，這是我一直以來的夢想。

- 我家祖傳的一幅畫，因為年輕時資金周轉不靈被典當，現在畫淪落到某個企業家手上，我要存到 5,000 萬元把畫買回來。

以上這些案例，都是屬於那種朝思暮想「非要 5,000 萬元」不可的案例。

如果沒有這麼極端強烈的「要」，那對一般人來說，至少

要有個「藍圖」，那藍圖最好已經很熟悉，乃至於任何人問你為何要賺 5,000 萬元，你都可以第一時間答出來。這可以搭配圖片貼在自己辦公室或書房提醒自己，例如想買豪宅，就貼一張理想中想住的豪宅圖片，想要帶給母親快樂生活，就把自己和母親的合照貼在牆上。

當動機夠強烈，大家就會把握機會。當有錢賺的時候，不會說今天下大雨不想出門，也不會嫌這個案子成功機率只有 20% 不想去。

你有多想要這筆錢，決定你變成有錢人的速度。

分享一個朋友的親身案例，Ze 在一個貨運公司服務擔任司機，收入是以每趟數完成載運目標來計算。一般來說，載運的地點若是較遠距離鄉鎮，單趟的報酬比較高，每趟可以達 2,000 到 3,000 元，相較下，若只是在地城市內的短程運送，每趟只有 400 元。

總公司的排班，通常週一會集中運送短程，其他日子再安排長程，許多司機於是盡量避開週一的班，想接單趟報酬最高的其他任務。Ze 則反倒願意承接大部分人不願意接的短程任務，而主管看見他願意主動承接，也願意多安排趟數給他。結果雖然短程每趟的報酬比較低，但所花時間也少，若一天內主管願意多安排很多距離近的載運任務，最終加總起來，一天

下來反而賺得更多。他非常渴望賺到錢，因此不去做過多的計較，也因此能逐步累積達到他的財富目標。

提起金錢，除了動機，也要考慮原則。

與金錢相關的原則和底線

在第九章曾經介紹，一個人自我操練追求自己人生目標時，要有自己的人生使命及價值觀。

而既然多半時候，實現夢想及人生目標是跟金錢息息相關的事，那談錢就一定要談到使命、價值觀以及做人原則。

賺錢方法有很多，並不是每一項都得做。

為什麼？這就牽涉使命、價值觀以及做人原則。

前面曾說，個人使命，就是一個人終身奉行的信念，對自己來講那代表真實的事，價值觀就是對個人最重要的事。而談起每個人的生活，還有一件事，那就是做人原則，或者換種說法，就是每個人做人做事的「底線」。

舉例來說：有人自我設定的底線，就是做人誠信不說謊，或者再怎麼窮也不去跟人家借錢。另外有些底線是對外的，也就是當別人侵犯到這條底線，對你來說就是「越界」，或者說「觸碰到你的禁區」。例如有人就是不愛被拍頭，有人若對方談話講到自己的母親（例如口頭禪式的國罵），他肯定翻臉。

那麼，講到這些跟金錢有什麼關係呢？其實很多人，就是因為沒有釐清自己的價值觀，因此長期賺不到錢，同時又找不到原因。

舉例，如果一個人的價值觀甚至做人底線，是做人做事秉持誠信。若在他所處的公司卻經常以誇大不實廣告欺騙客戶，或者產品成分標示不清，在這樣的公司上班，他會盡心盡力嗎？或許意識上他必須擁有這份工作，實際上，他潛意識不認同這家公司，又怎能做出最大付出？當一個人無法全力以赴做出足夠付出，自然在薪資和升遷上都有影響。

或者一個人從事保險業務工作，如果他的信念是可以幫助人在危急或最困難時得到救助，他做保險工作就會很如魚得水，但如果他的信念和價值觀與這工作無涉，做起來就比較缺乏熱情，只為了收入而工作，而且這種意識是會讓顧客感受得到的。

提起投資跟各種賺錢管道也是如此。有人想錢想瘋了，如果今天告訴你有一個搶銀行的機會，而且「保證成功」，要去還是不要去？如果有所猶豫，那麼多大的金額你願意做？假定搶的金額只有 100 萬元你可能不願意，但如果金額是 1 億元你願意嗎？

許多時候大家沒有想到這方面問題，是因為總覺得這類問題比較戲劇化，現實生活根本不會發生。然而，所謂發財致富，往往都是出現「不尋常」的事。而當財富的出現，衝擊著自我

價值觀時，往往也是人性的考驗。

舉例：

有個遠親過世，遺留了上億龐大資產，你是第一個被通知的人，並且最近一段時間，你也剛好因投資失利，面臨一個巨額的資金缺口。這時候你會不會想到，除了你之外，還有許多兄弟姐妹也有繼承權利，如果有方法可以排除他們，讓你獨得，你會選擇這樣做嗎？

或者，談道德太嚴肅，那麼談一些比較跟道德沒直接關係的例子。例如今天有個生意眼光獨到、消息靈通的朋友，跟你說預計下個月口罩會有大量需求，現在囤貨保證到時候可以賺一筆，你願意冒險嗎？或者領導公司團隊參與一個專案，無意間聽到一個小道消息，客戶所屬單位的承辦人非常熱愛養貓，如果那個專案可以跟貓連結，肯定獲得青睞。問題是原本專案已經完成差不多了，如果為了把貓結合進去，要做整個大翻修，而且不合公司產品主旨，這樣你願意做嗎？

其實很多時候是危機也是轉機，但有時候危機後面埋著更大的危機。而判斷的時間又往往不夠多，這時候，你平常是否建立一套清楚明確的人生使命、價值觀或做人原則標準，就很重要。

掌握趨勢掌握金錢

談到財富，最後來談的是**趨勢**與**策略**。

為何兩個人的聰明才智學歷相當，基本的道德觀和生長背景也差不多，最後可能賺錢的速度差很多，甚至可能一個成為千萬富翁，一個卻是舉債度日？

懂得**趨勢**，也是影響個人理財很重要的一環。

所謂**趨勢**，就是整體時勢的發展，往往在時過境遷時回頭審視過往，會看清楚一條清楚的脈絡，好比十五年以前網路發展就已經開始了，即便那時代只有簡單的網站，且網路資安問題也尚未解除，但事後回顧，大趨勢就是朝網路化走。當年若較早投入網路事業的，如今許多都是大富翁，包括世界首富們，每個人的財富也或多或少都跟網路趨勢發展有關。

問題是，當站在**趨勢**的開端時，你看得出來嗎？

然而，一代又一代的富豪，用事實證明，掌握**趨勢**者，才能是最終致富的王者。也就是說，抓住**趨勢**這件事對想要致富的人來說，是肯定要做到的。

但你我都沒有時光機，怎麼能夠預知未來？其實，若是談十年後的世界，那可能真的很難，如果只談四、五年後，卻是有機會可以掌握的。

- 現在剛剛起步的科技，可以預想四年後已經成熟。
- 結合媒體刊物報導的社會脈動，就可以預判幾年後

「肯定會」發生的未來，例如少子化、銀髮商機等。

- 多去聽演講、課程或看專業刊物，也可以事先觀察一些未來的脈動。

掌握趨勢者也抓住機會，最好的賺錢方式，當然就是站在趨勢尖端成為先河，所謂「資訊的落差，就是財富的落差」，先知先覺者，也是離財富最近者。

其他的應用，掌握時代趨勢，好比說經營企業，採用環保省錢的機械，大幅省掉每月的開銷，或者在做理財投資時，掌握某個產業的未來發展，因此大舉買進該產業概念股的股票等等，這最終也是會帶來財富的落差。

而將趨勢結合策略，則需要更大的分析頭腦。舉例來說，你是一家企業的高階主管，你分析到多年後，某個生產元件會很熱門，但現今這個產業尚在起步，於是你跟總裁建議，趁某家擁有技術專利的工廠還算壯大並且現在很缺資金，趕快低價把這間工廠購併，未來肯定會帶給公司龐大利潤。

果然，四年後如你預估，這項技術非常搶手，企業大賺一筆，你也被晉升公司副總，享有高薪以及高額的分紅。

其他像是，第一眼看到就覺得拗口或很難理解的東西，很有可能就是未來的商機。好比說手機 APP，在剛開始時沒有人懂，當初最早投入這方面研究的人後來都賺大錢，其他舉凡醫學、營養學、生化領域科學等等，或者商業方面，例如最早提出 FinTech 概念、虛擬貨幣概念時，大多數人也都不懂，那

年代就開始投資的人，也就是可以賺到「第一批」大錢的人，至於後來行情起起伏伏的，有人賺有人賠，那時候第一批進場的人早已經獲利出場了。

總之，所謂「你不理財，財不理你」。我們不能等待財富突然降臨，財富自由的境界是要靠自己去追求的，方法有很多，主要還是靠學習。例如以投資房地產來說，就一定要先擁有第一桶金，而強迫儲蓄只是生錢最簡單低階的作法，真正快速創造金錢的方式，還是需要靠動腦，也要適當結合趨勢。

談起賺錢，不免會談到人人都在說的「業務與銷售」

本書最後一章就來談談業務與銷售。

基礎練習

審視我的金錢觀：

1. 你對於目前的賺錢方式滿意嗎？
你工作得開心、快樂嗎？

2. 你該如何增加你的金錢流量？
你未來五年的財務計畫是什麼？

第十五章
找出我的幸福象限

談起金錢，不免會談起業務。市面上有著林林總總課程，書店裡也有琳琅滿目的相關書籍。但不可否認地，在各行種行業屬性及工作技能裡，跟業務相關主題占了很大的比例。為何比起工程學、會計學、法學、醫學等等，同樣也是可以帶來「致富」結果的課題中，業務會被高度的凸顯呢？

一個原因，業務是和「人人都有關聯」的，廣義來看，就算孩子吵著叫媽媽幫他買玩具也算。就算以較狹義的定義，也就是真正靠「業務帶來收入的職務」來看，各行各業包含醫院、學校等，也都需要拓展業務。

另一個原因，的確，從事業務工作的人，以收入來看，是遠大於其他產業的人。也因此多半時候，若要談到人生致富這件事，就不免會談到業務。業務就是銷售，所以本章既然要談金錢，就不免也要帶領大家來接觸一下如何銷售。

銷售為何可以成功？

談銷售，可能世間有千萬種理論與技巧。以結果來說，簡單區分就是兩種：有達到銷售目標，以及沒達成銷售目標（包括低價賣出，只要不符合原本預期，某種程度上，也算是沒達成銷售目標）。

而再細分為何沒能達到銷售目標？也是可以簡單區分成兩個原因：

1. 沒有去執行。
2. 執行後，未能達到預期效果。

任何人爭取任何銷售成果，不論是爭取訂單、爭取拿到專案或爭取加薪，最終沒得到想要的結果，絕大部分都可歸咎於這兩個原因。

銷售成功就能帶來財務增加。而多數人沒能讓財富達到滿意的程度，原因就是根本沒有採取行動。說到底，好比今天樂透彩獎金高達 2 億元，如何能讓自己有機會獲得這 2 億元？前提必須是：自己透過行動，走到彩券行掏出 50 元買彩券。

如果一個業務工作者，不論是銷售保險、傳直銷或任何商品，他賺不到錢，第一個可能原因是他花太多時間躲在室內，一個足不出戶只想靠守株待兔賺錢者，自然賺到不錢；另外就是他雖然執行既有計畫了，但結果還是賺不到錢。

　　傳統的思維總強調，辛苦耕耘努力工作必有收穫，但如果一次、兩次、一百次，一個人行動了卻無法有結果，那可見「努力」並不是成功的關鍵因素。

　　到底「努力」的意義是什麼呢？成功還須包含什麼元素？為此，我們可以先分析成功的背後因子。

　　首先，我們必須區分一個成功的業務，必須具備成功的態度和技巧，而最終，態度的重要性更遠大於技巧。

　　分析那些成功業務的特質，我們可以發現，態度占的重要性，高達 80％以上。也就是說，當態度對了，銷售成功率會大增，相反的，純粹只有技術，好比說熟背各種銷售話術以及藉由判斷肢體語言、透過心理戰術行銷等等，若沒有搭配業務員本身的熱誠及信任感，銷售目標還是無法打達成，頂多只是一位產品介紹員。

　　銷售的影響力含括對內與對外，對外就是指客戶以及你想說服的對象（例如說服老闆加薪），對內就是指你自己的團隊。我們可以看到，那些在業務領域表現傑出的人，同時也會是擁有個人魅力，可以締造團隊凝聚力的人。一個業務工作做到極致，就不會只是業務代表，他已經足夠獨當一面擔任老闆。

　　老闆就是一個超級業務，只是他的業務能力，不只搭配銷售溝通，並且也要結合系統以及財務規畫。

　　為什麼風靡世界各國的《富爸爸窮爸爸》系列裡，提出了「ESBI 四大財富象限」，最終鼓勵大家可以朝 B（Business

Owner，企業老闆），以及 I（Investor，投資者）發展。並非歧視 E（Employee，雇員）和 S（Self-employed，專業人員及自營公司的老闆），而是以財務的角度來看，B 和 I 是真正系統性有效率的財富累積模式。前者是用別人的時間幫我們賺錢，後者是用金錢幫我們賺錢，而這些也都和銷售有關。

為何一定要朝 B 和 I 象限邁進？

為何談業務銷售，後來會接著談到 ESBI 四大象限呢？因為不論談業務或談四大象限，都是為了談人生的幸福成功，而這背後都攸關於理財的效率。以業務角度來看，重新詮釋後的 ESBI，都是不同形式的業務銷售。

E 象限，典型的代表就是一般上班族。他們銷售自己的時間和專才給老闆，換取每月應有的薪資，以及年底可能有也可能沒有的獎金。

S 象限，專業人士，包含醫師、律師、會計師或中小企業的老闆等等，他們銷售自己的專業或商品給有需要的人，換取以案計費或銷售毛利的報酬。

B 象限，就是大家所說的企業家。請注意，不是所有的老闆都叫做企業家，企業家的定義為員工總數超過 500 人以上的列為 B 象限。否則就算開間 5、60 個員工的中小型企業，也

頂多是報酬高一點的 S 象限。而 B 象限的特性就是銷售企業的系統與信念，吸引更多人才為企業賺取獲利，以及更多的人願意為這個系統付錢。

I 象限，就是投資者。不是小小的買進賣出賺差價那種，是指真的可以單靠這一塊就能生活無虞的理財，那必定也是靠著銷售專業情資才得以獲致。任何在投資領域有一定成績的人，本身一定對某種投資工具有專業，並且市場嗅覺敏銳，背後有著豐富的情報網。

從上面分析來看，每個象限都代表一種銷售，差別只在有的模式賺錢速度快慢，有的模式真的離致富很遙遠。

讓我們確認一個前提，如果在你的三個人生自我操練以及你設定的目標，包含的任何項目必須要有金錢做支援，那麼賺錢的速度就很重要。以此來說，假定一個 E 象限的人，他每月收入 3 萬元，一年收入 36 萬元，十年收入共 360 萬元，這些都是可以計算出來的，而以最保守的方式計算，假定這個人願意省吃儉用，並且保證十年內都不碰到生病或者接到喜帖等突發額外開銷，每月可以存 2 萬元的話，五年後也才勉強有第一桶金。就如同我們在第十二章所介紹的，他也可以以此為基礎，逐步透過例如房地產投資的方式開始拓增財富。

若有更快的方法提升致富效率，E 象限或許不是最好的選擇，至於 S 象限，有可能做得多賺得多，同時也得持續不斷的調整案量及保持市場競爭力，往往只能喘息，不能休息。

　　因此，有關致富的書總是會建議大家，若本身目前的位置是在 E 或 S 象限，有機會可以選擇，是可以往 B 和 I 象限前進。當然也可以不為所動，若一個人在目前的位置感到很開心快樂，畢竟做想做的工作，覺得幸福也是很重要的一件事。

　　再進一步分析。E 象限不用說，領固定薪水的確累積財富較慢，而 S 象限為何也不是首選呢？例如好比一個程式高手，可能接一個專案收入就可以達到幾十萬元；或者一個人擁有一家市場穩健的企業，每月銷售額可以賺到數十萬元甚至百萬收入，這都是很好的。然而就算單位收入再高，那些收入永遠不能被列為「非工資收入」，因為你得「做」才有收入，直到當擁有第一桶金，開始學習投資，找到適合自己的投資市場與方向，並把錢投入一個穩固生財的投資管道，否則單靠專業技能工作，有很大的風險。

　　我們在第六章談到「不可預知」，那也和每個人的生涯息息相關。舉個殘酷的例子，一個每次動刀就可以收費幾十萬元的名醫，有一天突然被車撞成癱瘓，那他能力再怎麼強，自「突發狀況發生日」後，也只是個沒有生產力的病人而已。或者任何的中小企業老闆，也許目前銷售一個當紅的產品獲利頗豐，但除非他接續把這些成功導入 I 象限，否則今年的暢銷品不代表明年依然熱銷，一旦某次的商品評估錯誤，也可能賠到血本無歸的。

　　所以就算是表面看起來收入風光，我們仍會建議處於 S 象

限的人，若想追求幸福成功人生，就必須朝 B 和 I 象限前進。

怎麼做呢？必須從建構系統開始。

設法為自己打造一個系統

建構系統之所以重要，歸結一個根本原因，就是讓財富能自動運轉，也就是「財富自由」。讓我們再次複習財富自由公式，並且在此做小小的調整：

每月不用自行勞務的常態收入－每月常態支出＞ 0

這裡我們特別把工作，強調是自行勞務，重點不在那個金額多少，重點在於「每月不用自行勞務工作的常態收入」。

前一節提到的名醫以及中小企業老闆，為何就算收入再高也無法被列入值得推薦的理財境界，因為他們都必須「工作」，都必須持續付出勞務。

什麼情況是不需要透過自己的勞務工作就有收入呢？前面幾章已經談過理財層面，這裡我們談的是工作層面。一個事業體要能持續帶給擁有者收入，基本關鍵就是建立系統並且打造複製效應。

如果你經營一家夾娃娃機店，並且是知名品牌授權，好比

說假定是湯姆熊體系的，你擺了幾臺機器，每月去收錢。這算不算建立系統？其實不算。並不是擺了很多臺夾娃娃機就叫做複製，因為每臺都是獨立單位，這臺今天業績好，不代表另一臺業績也會好。甚至這臺今天業績好，也不代表這臺明天業績會好。以更高的視野來看，今年流行夾娃娃機，不代表明年也一定會繼續流行。何況對老闆來說，他必須為娃娃機工作，他必須常態性的去維護夾娃娃機臺狀況以及補貨。

另外，常見的複製系統，包含連鎖早餐店老闆或知名品牌咖啡店老闆等等，看起來是有一套系統，問題是，我們擔任的可能是複製系統中的工作者，而非系統的擁有者。

以夾娃娃機店來說，這位老闆沒有打造自己的財富自由，但他背後卻可能有三個人達到財富自由：

1. 提供夾娃娃機這個「品牌」授權的總公司老闆，財富自由，因為他建立了一個系統，讓人複製。

2. 發明這臺夾娃娃機的研發人員，也可能財富自由，前提是他能取得專利，並做到授權能拿到到授權金。

3. 夾娃娃機臺所承租的店面，背後的房東，也是財富自由，因為他提供一個物件可以被長期使用（房屋出租也算建立一個系統）。

以這樣的例子來看，你可以大致了解財富自由的方式，要先建立一個可以被其他人複製的系統，讓系統幫你賺錢。身邊可以見到的例子，麥當勞、星巴克、7-11 等，都是典型透過

系統複製的結果。然而那些店的店長，本身卻可能只是屬於 S 象限，甚至 E 象限的人。

也不是任何自己發明一個東西就叫做系統。太多的新發明，即便已經取得專利甚至得獎了，但因為無法化為商業用途，也沒有企業願意花錢來購買，這樣的發明並無法真正創造財富，唯有當這樣的發明可以被市場接受，並且進入大量生產銷售階段，才能創造被動收入。

基本上，能夠帶來財富自由的系統，必須具備三個基本要素：

1. 有系統辨識性（基本上要透過專利法來保障）。

2. 有系統規則性（這個系統必須可以真的被複製）。

3. 系統複製越簡單越好。

比較可以讓大家立刻舉出的系統案例，像前面說的星巴克。另外，就算非企業也可以建立系統，最典型的例子就是作家，當他擁有一本暢銷書，並且書的內容可以廣為複製，好比說《魔戒》這個系列作品，不只可以以出版品形式銷售全世界，還可以化成電視電影乃至於電玩版權，其內容中的元素，例如角色及場景創造，還可以衍生出周邊商品等等，這就是一種系統。其他像是音樂人出專輯或 Youtuber 製作影片讓人收費點閱等等，只要可以不斷的複製，不須每次都付出勞力，那都算是系統。

而一個人就算本身沒有創業開公司，也不是哪個領域的專

家達人，他依然可以擁有系統，那就是靠投資。

投資，透過專家或自我學習後的練習風險評估，並且找到志同道合的合作夥伴，擁有同樣的理想與使命，夥伴共同建構系統，也找到足夠的人力與資金讓這個系統轉動，那就能締造財富自由。所以「善用別人的錢為自己賺錢」就能快速帶來財富自由。

基礎練習

1. 我現在的工作模式，屬於 ESBI 的哪個象限？

2. 我是否有計畫讓自己的生涯朝 B 和 I 象限移動？

3. 我在什麼領域可以打造屬於我的非工資收入？

4. 在我的領域裡，有沒有機會創造一個系統？

關於生涯發展，任何的困惑都可以寫下來，和本書作者討論。

結語 |
讓我們不只知道，也要學到並做到

各位讀者，閱讀本書是否帶給你什麼啟發？

從書名開始，本書就強調「從心開始」，因為我強調「心態」非常重要，本書也以大部分篇章，協助你建立正確的「內心狀態」，包括從最基礎的認清自己內心的需求，接著透過自我覺察、做出承諾，寫下自約等等，然後進入自我操練階段，最終期待每個人都能在「工作」、「家庭」與「人際關係」等領域，都可以達到自己設定的理想目標。

達標很重要，設定目標若不願意去落實，這樣的話，無論聽多少課，讀多少書都不會有用。如同本書在前言強調的：這是一本「屬於你」的書，這裡我要再此邀請你想想：

1. 你有學到嗎？
2. 你真正會做到嗎？

如果你願意更深層的探索出在哪個環節可以調整並且持續行動？也歡迎你可以透過參與社團討論，或加入我的線上群組做進一步交流。

這裡，針對如何具體應用，最終再整理一些值得每個人省思的經驗分享。

學習的最大瓶頸：這我知道

　　根據多年的教學經驗，不論是其他課堂上或者各種理財或房地產投資實務上。我以及許多老師們，最怕聽到從學員口中說出的四個字，就是：「這我知道」。

　　如果一個人真的「知道了」，那當然再好不過。但經常我們是在課堂一開始就聽到這四個字，老師準備教導學員重要的觀念還沒開始說，就聽到學員回應「這我知道」，但你真的知道了嗎？或者，知道了為何沒能改變你的現況呢？

　　其實，全世界唯一有資格講這四個字的人，就是真正「已經做到」的人。

- 所謂財富自由，就是不用透過自己的勞務工作所能帶來的收入，已經大過你的固定支出。

　　「這我知道。」但你有因此財富自由了嗎？沒有，什麼原因呢？

- 透過合作運用別人的時間來幫我們賺錢，也讓金錢幫我們賺錢。

　　「這我知道。」但你為何還是一樣，每天上下班回家追劇，用原本的模式辛苦地賺工錢過日子？

　　多年來，我看到許多好學的學員，他們勤於聽課作筆記，唯獨生活並沒有明顯改善，分析原因不外如下：

一、局外人心態

　　大部分時候，大家都覺得「事不關己」。當抱著這樣心態的時候，就無法盡全力投入。好比說鄰居有小孩走失了，你願意「幫忙找」，心態是反正有找到沒找到，我盡力就好。實際上，什麼叫「盡力」？唯有當自己的小孩走失了，那時的尋找方式才會是盡力。所謂盡力，就是真的要全力以赴。

　　而無論在理財或者打造事業，許多人因為生意失敗負債累累已經沒退路了，或者再不打拚孩子下學期的學費就繳不起了，這時候那種非成功不可的信念最強。但如果凡事都得到了「逼不得已」的極限才能逼出潛能，那也太悲情了。

　　所以我鼓勵學員們，學習是為了自己，這是一件非常切身的事。

二、自以為懂了，其實並不懂

　　現代資訊發達，上網就可以輕易抓取到各種知識，同時也帶來一種錯覺，讓大家以為自己好像懂很多。但真的懂嗎？其實大部分事情都只留下一種表面印象。這時候的學習，總是會加個「好像」。

　　我知道虛擬貨幣好像就是那個……我知道《富爸爸窮爸爸》的寓意好像是……我知道投資房地產的要訣好像是……與其這也「好像」、那也「好像」，還不如一個人原本什麼都不知道，像張白紙般從零學起，他還可以學更多。

　　對此，我鼓勵讀者們，學習「空杯理論」。聽到老師講課，先不要自我論斷「這我知道」、「這我聽過」，當你這樣想的時候，第一，你的反應會有可能讓老師講課的熱情折半，他可能傳授的越少，損失的還是學員；第二，自以為是，以為自己什麼都知道，往往腦袋會變得選擇性傾聽，把老師本來講課的內容都曲解成「自以為」的意思。

　　所以試著歸零吧！

　　包括閱讀至此，問問自己，若要你現在立刻對自己做一點改變，但依然不知道該怎麼做，那就代表著自己其實不是真正學到。我的建議是重新閱讀本書，或者針對本書提出的各項見解，試著找導師進一步探討研究。

　　我鼓勵大家「從心開始」，也支持每一個人願意「重新開始」。

成功沒有標準答案

　　既然本書的出發點是「從心開始」，或許你要問：「那⋯⋯在哪結束？」

　　答案是，每個人都要從心開始，同時每個人因為選擇的目標不同，對理想的藍圖勾勒方式不同，結果當然也都各自不同。如何朝向成功，基本的道理是可以通用的；如何締造成功，

解答卻有千萬種版本。重點還是，不論哪種版本，你終究還是要達到。人生只有一遭，你今生不努力達到，難道要期待那個虛無縹緲的「或許有來生」？

提起成功，本書也多次強調，金錢很重要，但金錢絕不是我們最終的目標。就好像有人設定目標退休後要賺有 5,000 萬元，但那 5,000 萬元只是為了讓自己「過幸福快樂生活」的媒介，這點絕不能搞錯，所以本書的書名不是《從心開始的賺錢術》或《從心開始的致富學》。

坊間教導如何致富的書很多，這些書不會保證一個人幸福，因為致富和幸福不一定會被畫等號。

提到此，也不免也提到一個經常有學員問到的問題：「成功的人生，是否就一定不建議當個上班族？」

在本書在第十五章也強調過，鼓勵大家可以選擇從 ES 象限，朝 BI 象限移動。請注意，這是建議，絕不是「通則」。

人生到底應該怎樣做選擇，唯一的衡量標準就是「你要什麼」，好消息是：幸福快樂的定義，也是由你自己定義而生。

所以，當上班族能不能幸福快樂？

如果一個人真的樂在這樣的身分，他沒有金錢煩惱，好比說他自己本家就繼承了足夠的財富，或者他沒什麼欲望，可能他上班的地點就是個宗教機構，他將來也期望可以朝精神方面提升努力。對於這樣的人，我祝福都來不及了，我不會強迫灌輸他們一定要脫離上班族朝創業方向努力。

　　但真實情況，因為我多數面對的都是「對現況不滿」的上班族，是他們自身想要變得更有錢，想要追求更大的目標，所以才會有所謂「上班族模式並非我們建議的成功人生模式」。

　　關鍵還是在於「幸福快樂」，這點是本書最後必須要再次強調的。

人際關係最是重要

　　在本書雖然沒有專章談論人際關係，但做為自我操練三大領域中的一環，人際關係當然是非常重要的。

　　不特別專章談論，是因為人際關係也是家庭事業以及追求財富等等必然的一環，例如我們談自我操練，就一定會談到個人與團隊的關係，這就是一種人際關係的必要。包含了自己與自己的關係、自己與團隊（社會）的關係、團隊與團隊之間的關係等等。

　　這裡，我們也以人際關係的角度，探討成功執行計畫的五個步驟。包含你想讓自己提升績效，包含你想做好投資理財，也包含你想讓事業有所發展同時又兼顧好家庭的關係。

五個步驟：

1. 建立關係。

2. 引發興趣。

3. 塑造價值；

4. 形成連結；

5. 締結成交。

雖然只有二十個字，但人生中大部分的事情的是否完成，都與人際關係有關，也都包含在這二十字裡。

舉例：

- **業務銷售**

成功的業務銷售，一開始要先與顧客（對方可能是陌生顧客）建立關係，透過適當的言語交流，最重要的真誠與專業，透過這樣的交流後，建立起互動關係。在過程中，引發對方對自己或產品產生興趣，並且讓對方清楚認識到我們的產品價值，以及我自己的價值，當顧客肯定我是值得信賴的，於是他的需求與我們的供應形成連結，最終他願意簽約下單。

- **家庭和諧**

除了有血緣關係的親人外，其實一個家庭的締造，最源頭總是從陌生人開始，再怎樣的一見鍾情，在「看對眼」之前兩人彼此都一定是陌生人。先透過聯誼或者同班同學或同事等等

建立關係，後來男方與女方經常約會後，了解對方的特質建立好感，這就是塑造價值。之後透過彼此了解，更加緊密，認定對方是「生命中重要的人」，這樣的連結越來越契合，最終就會締結連理變成夫妻，建立家庭。

只舉這兩個例子，實務上，生活中任何的目標追求，只要是跟「另一個人」有關的，包括銷售商品、參加面試、融入對方家庭、上課學習、投資房地產……最終每件事都跟人際關係有關，也適用上面說的五個步驟。

而如果人際關係沒搞好，能不能締結成功呢？或許還是可以，所以工作、家庭以及人際關係分屬三種自我操練，至今我所見也的確很多人事業有成或善於投資，可惜家庭破裂，或人際關係很不好。如果你把人際關係這個環節修練好，那麼三項自我操練都比較可以快速達成。

經歷過失敗的成功，才是真的成功

有一個將軍，說他自己是戰神，熟讀兵書，保證百戰百勝。卻是出生承平時期，幾十年都沒真正打過戰，你願意相信他真的是戰神嗎？

成功很重要，是人或許都想要成功。但很弔詭的，唯有經歷過失敗的人，才真正有資格確定自己的成功。

- 一個永遠笑臉迎人、做人做事得體的人是真的那麼好的人嗎？唯有經歷過特殊狀況，例如遭人背叛或者家逢巨變，但即便經歷過這些事件後，他也依然可以保有本來的德行，那才能斷定他就真的是這樣的人。

- 一個掌領企業，連續五多年都讓公司獲利成長的經理人，是最佳經理人嗎？唯有經歷過風浪，例如碰到金融風暴，碰到食安危機被媒體報導等等風波，在碰到這些挑戰時，他依然可以沉穩面對，那才是優秀的經理人。即使如此，也還不能斷定是最佳經理人，他可能只是危機管理能力強，真正考驗的是當公司碰到客戶惡意倒帳產生鉅額虧損，或是因為風災工廠受損導致的產能大減等等，曾遭逢失敗，第二年還能繼續再造佳績，那才真的是最佳經理人。

諸如此類的例子不勝枚舉。一個人是好妻子嗎？若她先生經商失敗破產落魄，她依然願意堅定支持，攜手共度，就是好妻子；一個人是股票高手嗎？經歷股市大幅跌落，大半投資人慘賠，他依然可以屹立不搖，那就是股票高手。凡此種種，所以讀者們不要害怕失敗。

失敗，正是檢核自己本身是否真的經得起考驗的機會，也必定能在失敗中學習「不二過」。

而當面對失敗挫折，我本身很喜歡激勵大師安東尼羅賓先生傳授的智慧，他說：

當碰到不如意，請務必思考三件事：

1. 這件事對我有什麼好處？
2. 我因此學到了什麼經驗？
3. 下回碰到這件事我應該怎麼做？

總結：

過去不等於未來，假如你沒得到的，你將會得到更好的。

假如我不能，我就一定要，假如我一定要，我就一定能。

所有事情的發生都有其原因及目的，並有助於我。

也以大師的話與讀者共勉。

　　學無止盡，其實可以分享得還有很多。但更多的學問與經驗，必須「做中學」，另外，理論是彈性的，甲、乙、丙、丁不同的人，屬於不同產業，有著不同成長背景及個性，不同人的解決方案也會不同。所以本書強調心態的重要，就算講解技術，也是包含很多的觀念成分，實做則必須讓自己願意去行動，以及願意保持學習空杯的心，經常的歸零學習。

　　真正最後一節的最後一段，除了祝各位讀者真正擁有幸福成功的人生外，也要第 N 次強調，事業家庭人際關係可以「兼得」，幸福成就財富等等你企盼的境界，你都可以「全部」擁有。期盼你真的學到、做到最後也能得到。在嚮往的生活中，為幸福成就擁有財富的你喝采。

附錄 |
實務案例分享

```
案例一：房仲業案例
```

- 狀況：團隊戰力不均，20%的業務收入不錯，80%收入水平以下。

- 求解：如何可以打造整體團隊共同戰力，也照顧好每位同仁。

　　這是我一位學員的真實案例。

　　他在國內某知名品牌的房產業服務，擔任店長職務，旗下有十幾位夥伴。如同標題所示，他煩惱著公司就只有少部分人有業績，但大部分人都收入不足，長此以往，帶來士氣低落，也讓他的管理能力受質疑。這位店長來請益，該怎麼改善這種情況。

　　提起房仲，以這家公司為例，一般作業模式就是自己的客戶自己掌握，好比我開發出一個物件，我也要自己設法把這物件賣出去。經常 A 先生負責的開發物件，B 小姐是無法參與的，相反的，B 小姐的買方，A 先生亦無法介入。

　　至於收入，也是各憑本事。誰賺得的業績就歸誰，而不是整家店的利潤均分。這家公司的不動產營業員都是高專，也就是沒底薪，得先付出時間及金錢做廣告，待買賣安全交易完成，才能領得該績效的服務費，成為自己的報酬。

　　在這樣的前提下，怎樣改善現況？

　　我：「為什麼你想要提升公司業績？」

　　店長：「身為店長，在公司我得負責店頭績效，在夥伴間，我得讓每個人賺得到錢。」

　　我：「我想問的是『真正』的理由，而非冠冕堂皇的話。這樣吧！現在我改問你，公司業績提升對你有什麼好處？」

　　第一時間，店長還真的想不出怎麼回答。

　　後來仔細思考。店長回答：「績效提升，我對公司就比較好交代。」

　　我：「然後呢？」

　　店長：「我的名聲變好，我的收入也都會提高。」

　　我：「然後呢？」

　　店長：「我的收入好，我就不用煩惱家庭，讓我太太跟小孩過好日子。」

　　事實上，最近時常浮現他腦中的一個畫面，是孩子下個月又要繳補習費。每次提到補習費，他和太太就不免愁眉苦臉，他期望以後不要總是為補習費這種小事憂愁。

　　最終，他清楚認知，他最關心的一件事就是家庭，這是他

努力的動機，當公司發生業績不彰的狀況，他內心裡擔心的也依然是家庭。事實上，在與我討論之前，他從沒認真想過他賺錢的目的。

　　既然家庭是他的核心價值，那麼他有沒有結合這個價值於他自己的公司呢？想通了這點，後來這個店長回去後，採取了一個新的策略。他把公司成員當成一個家庭來看待，家人間彼此自然不該對立，而是共同合作，因此他邀請夥伴們互助合作。但成員能力有強有弱，對此，店長的策略有：

1. 將團隊分成兩組，一組是由新進人員以及實力較弱（也就是尚待學習）的人構成，這組短期內的目標是加強學習，資深同仁們受命輪流來教導帶領他們；另一組則是由資深人員組成，每日繼續外出衝鋒陷陣。

2. 資深人員兩兩一組，專案也是分工合作，每個人在拜訪客戶的同時，也保證後面有人可以幫他承接，這一組開發的案子，都是兩人合作銷售，也由兩人共分利潤。至於搭檔的選擇，原則由每個人自己挑選，最終若無法成對，再由店長協助撮合。

3. 所有獎金、協助分潤，也以公開的方式讓所有的夥伴認同並且執行。

- 結果：

經過這樣的調整，公司的戰力明顯提升。過往只有 20％
的人賺到好報酬，現在提升到了 45％，而由於新人還在培訓，
並且戰力也不斷加強，可以想見日後業績只會再更加提升。

當找到面對問題背後真正的意圖與動機時，方法自然無
限可能的產生。同時，我也請店長讓所有夥伴知道他的起心動
念，讓全體夥伴能真誠的互動合作，共創佳績。

案例二：保險案例

- 狀況：身為一個業務，他的績效不錯。但要提升新境界，他必須領導。
- 求解：到底要繼續擔任業務衝業績，還是要開始帶組織？

小陳本身是績優業務員，他的業績不錯，每月收入都有將近六位數字。若是繼續這樣維持下去，單靠著老客戶轉介紹，他覺得自己長期生活都可以過得不錯。

問題是，以公司制度來看，每個人都有一定的晉升規則。像他這樣資歷的人，早就應該要升任管理職。這就觸碰到他的一個困擾，他只擅長做業務，但不擅長帶人。甚至他也要問，是否我一定要升任管理職？我是否一定要增員？

小陳：「過往以來我都習慣自己衝業績，沒有帶過人，然而如今我必須思考這個問題。」

我：「以人生歷練來看，你如何看待帶人這件事？」

小陳（他認真想想）：「新人的挫折與無助，是我親身的經驗與體驗，是的，雖然這是種新挑戰，我覺得我可以練習增員帶人。」

我：「為什麼？」

小陳：「在保險業三年多，我自己很會賺錢，如果我可以透過我的經驗分享或傳承，幫助別人成功並且賺到錢，那感覺

一定更好。」

　　我：「請你再仔細想想，為何要增員？而不是講一個大家都在講的答案。這裡我換個方式問，如果不增員，對你有什麼幫助？」

　　小陳（認真思考）：「事實上，我也知道有很多產業的優秀業務員並不增員，公司也可以接受，因為保險業在組織發展中，本來就有業務屬性的人跟領導屬性的人。」

　　我：「既然如此，你正思考要增員，同時讓自己擔任領導人嗎？」

　　小陳：「是的，我想。」

　　我：「如果不增員也沒關係，是什麼原因讓你卻仍選擇要增員？」

　　小陳：「我自己清楚，業務的路有些挑戰，很多人會碰壁、遭遇挫折，在我的經驗中有些應對的訣竅，如果我把我知道的分享給別人，或許我帶的人就可以少走冤枉路。」

　　我：「這動機很令我敬佩。是什麼樣的想法讓你想為『他們』付出關心，並且我不免要問，既然增員的人有可能是新手，同時也可能是你不認識的人，對於不認識的人，你何必那麼關心？」

　　小陳再認真想一想，於是他想到，公司曾經邀請他參與培訓，請他在課堂上分享自己成功的經驗與策略。他記得後來課堂結束後幾個月，Nancy 專程來拜訪他，告訴他因為當天的分

享正是 Nancy 面臨困境、挫折的時刻，一句「儘管付出、不求回報」帶給她當下豁然開朗的啟發，讓她不再揣測、不再有所目的的與人交流互動，她業績提升了。小陳當時的內心的成就感，是言語難以形容的。

這就是了！每個人做一件事，一定會有動力。那種動力直指人心，是感動的力量。陳找到他的那個動力，他確認他要帶組織做增員。

- 結果：

小陳後來的作法就好比當初我問小陳的問題一樣，他後來也去和增員的對象這樣聊。他總是問對方：「是什麼樣的動機，讓你加入保險這個事業？」

小陳發現，只要可以觸動對方的動機，就可以成功引領新人。

他目前已經領導六位新人，成功和他學習朝更高業績邁進。跨足一個非自己熟悉的領域「領導」是不容易的，是需要勇氣的，而能真實體悟到助人的快樂與感動，何嘗不是一種成就與驅動力。

案例三：傳產業案例

- 狀況：因為本身口吃，覺得業務難推展？
- 求解：就算我有這樣缺點，我還依然可以成功嗎？

　　小王有明顯的口吃症狀，就算是跟像我這麼親切的人說話，也是講得很不順暢，更何況要面對陌生人，而他的職業竟然是個業務。然而這是他喜歡的工作，只是他仍需克服自己的口吃問題。當然，這裡指的不是生理上的克服，而是他該如何在口吃狀態下，依然做好業務？

　　小王家住臺中，他服務的行業是建材業，舉凡要裝潢一個建築物的所有材料跟周邊，包括門窗、燈具、窗簾、水塔工程零配件，他們公司都有提供。至於銷售的客群尋找以及如何面對陌生人，小王倒是不畏懼。在臺中，他很懂得只要看到哪個房子有架鷹架或者前面堆著泥沙，就表示有工程，這都是他的拜訪對象。

　　但主要問題還是口吃的他，該如何做好業務？

　　小王：「我本身各項條件都不好，長相不起眼，又有口吃，但我還是想從事業務工作，老師可否教我這樣情況下我怎樣賣商品？」

　　我：「對你來說，口吃是缺點還是優點？」

　　小王：「當然是缺點啊！」

我：「既然如此，我給你一個功課，你回去想想，口吃帶給你的十個優點？」

小王一臉疑惑，但真的回家很認真的想。隔天上課前，他提早來教室跟我討論他認真思考的答案：

口吃的優點：

1. 因為我講話慢，一句一句慢慢講，所以步調不用急。

2. 當對方知道我是口吃，就會做好準備聽我耐心講，反而可能會比較認真聽。

3. 因為口吃給人感覺是比較弱勢的，但就算這樣我仍願意做業務，相信客戶們多多少少會因此願意給我訂單，做為鼓勵，也就是一種同情票。

……

就這樣，小王認真的跟我講了十大口吃優點，而這些是他以前沒認真想過的。

不可否認，縱然舉出十個優點，內容不免有些是自我揣測，包括預設客戶的反應狀態。重點在於，當他在講自己這十個優點時，小王最後笑了，開心的樣子溢於言表，變得有信心。在這樣的基礎上，我就和他繼續討論。

我：「根據你說的優點，就以第一點為例，如果你講話比較慢，代表也可以讓客戶有更多時間思考，無論如何，這段時間你是否可以提供一些文字或影片，做為輔助，更完整的呈現你提供的服務與價值呢？」

也就是說，我建議小王要加強輔助的製作，經過討論後，小王也真的回去加強這方面的準備。

● 結果：

過了一段時間，小王在課堂下課時來找我，分享他的故事。果然，因為自信心的提升，小王的業績也提升了，其中有個很值得分享的案例。

有一天，小王所在的建材公司老闆接到一通電話，有一個屋主來電，他說：「你們公司是不是有一個業務姓王？」

接電話的剛好是老闆，他回答是有這麼一位，他怎麼了嗎？

屋主說：「請你告訴他，他之前跟我介紹的訂單，明天都可以把貨送來，就這樣，請他之後不要再來找我了。」

老闆一聽嚇了一跳，擔心小王惹事，讓對方不高興。

後來細問之下才知道並非如此。屋主娓娓道來，原來小王講話口吃，個性卻鍥而不捨，屋主每次跟他說他在忙，聽不懂他在說什麼，小王仍一再前來。無論如何，小王雖表達不清，但留下的資料他倒是看得懂，現在也願意採購小王建議的建材與商品。他並不是討厭小王，他的意思是反正小王講的話他也聽不懂，所以不必特地前來，因為房子也蓋好了。

事實上，那位屋主不但不討厭小王，現在兩人還成為朋友。當時小王知道屋主來電後，立刻寫了封感恩的卡片，第二

天隨訂單送過去。後來屋子入厝時，屋主也邀請小王一起入席喬遷喜宴。

在席上，屋主還以開玩笑的語氣，介紹小王這個人雖講話不清，不過做人誠懇實在，並且被他盯上緊咬不放，後來也幫他引介很多新客戶。

企圖心有多強，方法就會有無限多的可能性。每個人一定都有他獨特與生俱來的特質與優點，缺點與優點原來就並存，你喜歡用哪一點來面對人生？

案例四：傳直銷產業案例

- 狀況：雖然業績還不錯，卻得不到家人支持。
- 求解：再怎麼成功，心中還是有疙瘩，如何化解這個疙瘩？

　　小妮是一個做事認真踏實的人，她積極進取，白天在一家企業上班，她認為光靠薪水無法滿足她未來經濟上的需求，因此，她透過介紹加入一個傳直銷事業。從一開始她便很認真投入，下班後任何相關課程都去上，半年後她也在這份事業上表現不錯，每月也開始有更多的收入。

　　問題來了，她得不到家人的諒解。包括爸爸、媽媽還有弟弟，自己總覺得反正她是正正當當的賺錢，然後也負擔了家中一些費用，盡了自己的責任。家人對傳直銷沒什麼認同，甚至多次的反對阻撓，這讓小妮不論業績如何，都無法有著滿心的欣慰，心裡總是有塊陰影。就算她終於上聘了，接受表揚時，看到其他夥伴的家人在一起的祝賀與歡樂，想到自己獨自一人的拚搏與獲勝，沒有家人支持，她就快樂不起來。

　　因為非常困惑痛苦，小妮來找我。

　　我：「全力以赴後，被表揚的感覺如何？」

　　小妮：「心情很激動、激憤，緊張，但不是很開心。」

　　我：「為何妳就算有業績被表揚，也沒有開心的感覺？」

小妮：「因為得不到家人的祝福與支持。」

我：「妳很在乎家人對妳的看法？妳願意說說妳和家人目前的狀態是什麼？」

於是小妮訴說著，他們是小家庭，一家四口，爸媽及他們姊弟。彼此的關係只能用冷漠形容，雖然同住一個屋簷下，但互動很少，大家都忙。因為家中有房屋貸款，小妮有協助，大概就只有賺錢給錢的關係。平日就算見面也只是點個頭，之前談到傳直銷，則得到的都是負面的反應，讓小妮很不好受。

我：「妳心中期待的家的感覺是什麼？」

對此，小妮很快就有回應，表示她平常就對家有個願景，她夢想中的家是充滿熱鬧氛圍的，就像電視上常看到的，彼此可以打鬧成一片，會逛街聊天，偶爾跟弟弟還可以打打鬧鬧，或感性地聊聊小時候的時光。

於是我跟小妮說：「既然妳心中已有一個家的藍圖，而現實生活中的家跟妳的期待有落差。那麼，如果可以的話，你是否願意把這當做一個目標，去完成它？」

「目標？」小妮感到茫然，如果說在傳直銷產業，為每個月設定業績目標，這個她會，但是要為家庭設定目標？小妮不知道怎麼做。

我：「既然妳可以想像出藍圖，就代表著這是一個可以追求渴望達成的目標。困難嗎？當然不容易。當遇到困難時，大家是可以挑戰舒適圈，結果才有機會不一樣。過往妳挑戰業

績，不也是跳脫一個舒適圈，讓自己全力以赴的達標？現在妳覺察到自己與家人之間的關係不如妳期待，妳可以開始做些什麼，讓妳與家人之間關係有所改變？」

小妮說為了改變現況，她願意。

當下，我跟她分享我另一位學員 Michelle 的家庭目標之一，是帶著全家人一起出國。小妮表示她的夢想中也有這一幕，但是現實狀況下這很難，其中牽涉很多環節，雖然錢是個問題，但並不是最主要的問題原因。因為家中四個人都有工作，也就是四個人都得請假，時間怎麼配合，需要大量有效的溝通。

我說這樣正好，就是因為有難度才值得去做。

於是我和小妮達成了共識，她要以追求家庭的自我操練為目標。

要知道，當一個人願意投入一件事，方法自然會無限的產出。

小妮想像了很多如何改善跟家人相處的畫面。她一個一個來，例如她就想：「對於父親，我要跟父親多聊天，以女兒的身分經常分享他的心事；對於母親，好久沒陪她逛街下廚了，我要做到；對於弟弟，也好久沒一起夜衝瘋一下了，記得小時候還比較親密。」

一個一個想，也列出戰略和我討論，重點是她逐一真正去落實。

　　小妮訂出六十天計畫，她真的和爸爸聊天，也訂了二人的「約會」，還找到爸爸夢想中的三件事，她陪爸爸去做。和媽媽也互動變得密切，兩人還一起去 SPA，跟弟弟也變得更有話聊。每件事她都有設定時間，雖然起初難免尷尬有壓力，但她就是去突破。

● **結果：**

　　經過這樣的突破，小妮跟家人感情明顯變好，她的那個全家出國願望還在進行。有一天我們討論，回歸到問題根本：「妳期盼的家人支持妳的傳直銷，現在狀況如何？」

　　「還有些努力空間。」

　　「這樣吧！」我給小妮一個建議，「妳想像一下妳心目中最美好的家人相處畫面，包含妳想帶他們出國等等，妳設法把畫面具體呈現，就是說，妳製作一個屬於自己的夢想板吧！」

　　就這樣，小妮真的製作出這樣的夢想板。然後找了一天，她有重大消息要跟家人宣布，要家人無論如何那晚要聚在一起。到了那天晚上，小妮在客廳裡，帶著自己的夢想板，用充滿感恩期待的聲音，對著爸爸、媽媽和弟弟說出她期望的家人及未來。講到後來，她感動了自己，也觸動了父母和弟弟，她邊講邊哭，而家人也和她一起流淚。最後爸媽和弟弟靠向小妮，四人抱在一起。

　　前一陣子，全家出國的計畫已經確定，日期也訂好了。至

於傳直銷事業，不只每次頒獎儀式、表揚家人都會有人出席，
事實上，小妮很多客戶，都是透過家人介紹的。

　　她許下願望要帶給家人幸福。

　　而家人也願意回饋給她更多的幸福。

　　如果一定要，我就一定能！

　　如果一定能，我就一定要！

　　對事業是如此，對家人亦是如此。

　　常有人問我，錢從哪裡來？幸福到，成就、財富自然來！

　　「家」是幸福的起源，也是成就與財富的基礎。

　　嚮往的心生活，現在開始！

比賺錢更重要的事

幸福和你想的不一樣──「這我知道！」
財商醫生 EASON 林志儒，引領你從知道進而得到這一生值得的幸福！

作　　　者／林志儒
美 術 編 輯／孤獨船長工作室
責 任 編 輯／許典春
企畫選書人／賈俊國

總　編　輯／賈俊國
副 總 編 輯／蘇士尹
編　　　輯／高懿萩
行 銷 企 畫／張莉滎・廖可筠・蕭羽猜

發　行　人／何飛鵬
法 律 顧 問／元禾法律事務所王子文律師
出　　　版／布克文化出版事業部
　　　　　　臺北市中山區民生東路二段 141 號 8 樓
　　　　　　電話：(02)2500-7008 傳真：(02)2502-7676
　　　　　　Email：sbooker.service@cite.com.tw
發　　　行／英屬蓋曼群島商家庭傳媒股份有限公司城邦分公司
　　　　　　臺北市中山區民生東路二段 141 號 2 樓
　　　　　　書蟲客服務專線：(02)2500-7718；2500-7719
　　　　　　24 小時傳真專線：(02)2500-1990；2500-1991
　　　　　　劃撥帳號：19863813；戶名：書蟲股份有限公司
　　　　　　讀者服務信箱：service@readingclub.com.tw
香港發行所／城邦（香港）出版集團有限公司
　　　　　　香港灣仔駱克道 193 號東超商業中心 1 樓
　　　　　　電話：+852-2508-6231 傳真：+852-2578-9337
　　　　　　Email：hkcite@biznetvigator.com
馬新發行所／城邦（馬新）出版集團 Cité (M) Sdn. Bhd.
　　　　　　41, Jalan Radin Anum, Bandar Baru Sri Petaling,
　　　　　　57000 Kuala Lumpur, Malaysia
　　　　　　電話：+603-9057-8822 傳真：+603-9057-6622
　　　　　　Email：cite@cite.com.my
印　　　刷／卡樂彩色製版印刷有限公司
初　　　版／2020 年 1 月
售　　　價／300 元
ＩＳＢＮ／978-986-5405-25-0

城邦讀書花園
www.cite.com.tw　布克文化 WWW.SBOOKER.COM.TW